日本旗章史図鑑

古代から現代まで

Japanese Flags from
Ancient Time to Today

苅安 望
Nozomi Kariyasu

えにし書房

はじめに

　古来より人は集団を形成すると他の集団と識別し自らのアイデンティティーを確立し、集団への帰属意識を高めるための標識を作ってきた。それは集団の歴史、性格、理念を示すシンボルとして集団の構成員に分かりやすい色や形をもった標識であって布製のものは旗と呼ばれた。旗は集団の識別のほか、情報の伝達手段や慶弔の表明として軍事、祭事、儀礼に用いられてきた。

　紀元前1040年頃、中国には周王朝が興り、始祖である武王はその存在を示す目印として槍先に白旗を付けたと伝えられる。3世紀に魏から黄幢と呼ばれる軍旗が同盟の証としてわが国に贈られて来たと『魏志倭人伝』は伝えるが、日本でもそれ以前にも祭事、軍事に布が旗として用いられていたと考えられる。

　本書は第Ⅰ部「古代・中世」第Ⅱ部「戦国時代・近世」第Ⅲ部「近代・現代」と大きくわが国の歴史を三つの時代に区分している。

　第Ⅰ部に属する古代、源平時代、鎌倉時代、南北朝時代、室町時代からは平氏源氏の紅白軍旗や錦の御旗・武家の御旗の誕生を中心に旗章を解説する。

　第Ⅱ部に属する戦国時代・江戸時代からは百花繚乱の如く戦場に生まれた戦国武将の旗印、馬印、指物や、江戸中期の各藩船印や幕末に用いられた西洋型藩旗、さらには日の丸誕生の経緯を取り上げる。

　第Ⅲ部に属する明治・大正・昭和・平成時代からは明治維新以降に制定された軍旗、皇族旗、大戦後に誕生した自衛隊旗、そして行政旗として中央官庁と地方自治体で使われてきた旗章を時系列で網羅している。

　古いところから現在まで900余りの旗を一気に並べることによって日本の旗の形状やデザインの変化と共に海外の旗と比べた場合の特徴が見えてくる。

　海外では一国の旗章の歴史を書いた書籍はいくつも存在するが、わが国では残念ながら旗指物、帝国陸軍海軍旗、日の丸と言った個別のテーマで旗を論じた書籍は見られるものの、古代から現代まで日本の旗の通史をまとめた書籍は見られなかった。いくつかの壁が存在するためで、西洋の旗を研究するのに西洋紋章の知識が要るように日本の旗を研究するには一通りの日本紋章、即ち公卿武家が用いた家紋の知識が、また、古い文献を読むには古文書を読み解く技術が求められる。海外の旗や旗章学の知識と共に今日、日本で使われている各種旗章の情報も必要である。本書を執筆するに当たって、著者がこれまで収集してきた書籍、文献を総動員して作業を行い、一応の形にまとめることができた。しかし筆者は歴史学者や家紋研究家ではないので、是非とも読者識者のご叱正を仰ぎたい。

2019年7月　苅安 望

目　次

はじめに ・・・・・・・・・・・・・・・・ 002

第Ⅰ部　「古代・中世の旗章」・・・・・・・・・ 011
1. 弥生時代、飛鳥・奈良時代 ・・・・・・・・ 012
2. 源平時代 ・・・・・・・・・・・・・・・ 016
　　（1）平行盛旗 ・・・・・・・・・・・・ 016
　　（2）平清盛旗 ・・・・・・・・・・・・ 016
　　（3）平重盛旗 ・・・・・・・・・・・・ 016
　　（4）源義家旗 ・・・・・・・・・・・・ 018
　　（5）千葉常胤旗 ・・・・・・・・・・・ 018
　　（6）熊谷直実旗 ・・・・・・・・・・・ 018
3. 鎌倉時代 ・・・・・・・・・・・・・・・ 022
　　（1）大矢野次郎種保 ・・・・・・・・・ 022
　　（2）竹崎五郎兵衛尉季長 ・・・・・・・ 022
　　（3）菊池次郎 ・・・・・・・・・・・・ 022
　　（4）島津下野守久親 ・・・・・・・・・ 022
　　（5）白石六郎通泰 ・・・・・・・・・・ 022
　　（6）太宰小弐三郎左衛門景資 ・・・・・ 023
4. 南北朝時代・室町時代後期 ・・・・・・・ 025
　　（1）楠木正成 ・・・・・・・・・・・・ 025
　　（2）新田義貞 ・・・・・・・・・・・・ 025
　　（3）菊池武重 ・・・・・・・・・・・・ 026
　　（4）赤松則祐 ・・・・・・・・・・・・ 026
　　（5）足利尊氏（高氏） ・・・・・・・・ 026
　　（6）後村上天皇 ・・・・・・・・・・・ 027
　　南北朝時代の錦旗 ・・・・・・・・・・ 030

第Ⅱ部　「戦国時代及び近世の旗章」・・・・・ 035
1. 戦国時代 ・・・・・・・・・・・・・・・ 036
　　1 旗印 ・・・・・・・・・・・・・・・ 038
　　（1）陸奥国：伊達政宗 ・・・・・・・・ 038
　　（2）支倉常長 ・・・・・・・・・・・・ 039
　　（3）出羽国：秋田俊季 ・・・・・・・・ 039

　　（4）佐渡国：上杉景勝 ・・・・・・・・ 040
　　（5）越後国、越中国、能登国：上杉謙信・・ 040
　　（6）越前国：朝倉義景 ・・・・・・・・ 041
　　（7）柴田勝家 ・・・・・・・・・・・・ 041
　　（8）加賀国：前田利家 ・・・・・・・・ 042
　　（9）上野国：酒井忠世 ・・・・・・・・ 042
　　（10）下野国：浅野長重 ・・・・・・・・ 043
　　（11）常陸国：佐竹義宣 ・・・・・・・・ 043
　　（12）武蔵国：徳川家康 ・・・・・・・・ 044
　　（13）下総国：結城秀康 ・・・・・・・・ 044
　　（14）上総国：本多忠勝 ・・・・・・・・ 045
　　（15）安房国：里見義豊 ・・・・・・・・ 045
　　（16）相模国：北条氏康 ・・・・・・・・ 046
　　（17）伊豆国：北条早雲 ・・・・・・・・ 046
　　（18）甲斐国：武田信玄 ・・・・・・・・ 047
　　（19）落合道久 ・・・・・・・・・・・・ 047
　　（20）信濃国：真田信繁 ・・・・・・・・ 048
　　（21）飛騨国：金森長近 ・・・・・・・・ 048
　　（22）駿河国：今川義元 ・・・・・・・・ 049
　　（23）遠江国：井伊直政 ・・・・・・・・ 049
　　（24）三河国：榊原康政 ・・・・・・・・ 050
　　（25）美濃国：斉藤道三 ・・・・・・・・ 050
　　（26）尾張国：織田信長 ・・・・・・・・ 051
　　（27）豊臣秀吉 ・・・・・・・・・・・・ 051
　　（28）近江国：石田三成 ・・・・・・・・ 052
　　（29）藤堂高虎 ・・・・・・・・・・・・ 052
　　（30）伊賀国、大和国：筒井順慶 ・・・・ 053
　　（31）伊勢国：古田重勝 ・・・・・・・・ 053
　　（32）志摩国：九鬼守隆 ・・・・・・・・ 054
　　（33）紀伊国：浅野幸長 ・・・・・・・・ 055
　　（34）和泉国、河内国：三好長慶 ・・・・ 055
　　（35）山城国：足利義昭 ・・・・・・・・ 056
　　（36）細川忠興 ・・・・・・・・・・・・ 056

003

(37)	摂津国：青木一重	057
(38)	丹波国：明智光秀	057
(39)	若狭国：京極忠高	058
(40)	丹後国：京極高知	058
(41)	隠岐国、備後国：尼子経久	059
(42)	但馬国：浅野長晟	059
(43)	因幡国：亀井茲政	060
(44)	播磨国：黒田孝高	060
(45)	淡路国：千石秀久	061
(46)	讃岐国：生駒一正	061
(47)	阿波国：蜂須賀至鎮	062
(48)	土佐国：長宗我部盛親	062
(49)	山内一豊	063
(50)	伊予国：福島正則	063
(51)	村上武吉	064
(52)	伯耆国：毛利輝元	064
(53)	美作国：森忠政	065
(54)	備前国：宇喜多秀家	065
(55)	池田光政	066
(56)	備中国：伊東長実	066
(57)	出雲国：毛利元就	067
(58)	石見国、周防国：大内義隆	067
(59)	安芸国：毛利秀就	068
(60)	吉川広家	068
(61)	長門国：毛利秀元	069
(62)	対馬国：宗義成	069
(63)	壱岐国：松浦鎮信	070
(64)	筑前国：黒田長政	070
(65)	筑後国：有馬豊氏	071
(66)	肥前国：鍋島勝茂	071
(67)	豊前国：毛利勝永	072
(68)	豊後国：大友宗麟	072
(69)	肥後国：小西行長	073
(70)	加藤清正	073
(71)	益田時貞（天草四郎）	074
(72)	日向国：島津豊久	074

(73)	大隅国、薩摩国：島津義弘	075
2	馬印	076
（1）	井伊直政	076
（2）	今川義元	077
（3）	武田信玄	077
（4）	北条氏康	078
（5）	織田信長	078
（6）	豊臣秀吉	078
3	指物	079
（1）	団扇	079
（2）	柄絃	079
（3）	懸扇	079
（4）	風袋	079
（5）	禿	080
（6）	傘	080
（7）	撓	080
（8）	団子	080
（9）	蝶羽	080
（10）	瓢箪	080
2.	江戸時代中期	081
（1）	阿波徳島藩　蜂須賀阿波守	083
（2）	讃岐丸亀藩　京極長門守	083
（3）	安芸広島藩　浅野安芸守	083
（4）	備後福山藩　阿部伊予守	083
（5）	周防徳山藩　毛利山城守	084
（6）	長門府中藩　毛利甲斐守	084
（7）	筑後柳川藩　立花左近将監	084
（8）	筑後久留米藩　有馬中務大輔	084
（9）	豊前小倉藩　小笠原左近将監	084
（10）	周防岩国藩　吉川左京	084
（11）	伊予大洲藩　加藤遠江守	085
（12）	伊予吉田藩　伊達和泉守	085
（13）	播磨赤穂藩　森和泉守	085
（14）	播磨林田藩　建部近江守	085
（15）	石見津和野藩　亀井能登守	085
（16）	長門清末藩　毛利讃岐守	085

（17）播磨龍野藩　脇坂中務大輔 ‥‥‥ 086
　　　（18）播磨姫路藩　酒井雅楽頭 ‥‥‥ 086
　　　（19）肥後宇土藩　細川若狭守 ‥‥‥ 086
　　　（20）肥後熊本藩　細川越中守 ‥‥‥ 086
　3．江戸時代後期 ‥‥‥‥‥‥‥‥‥‥‥ 087
　　　日の丸の変遷 ‥‥‥‥‥‥‥‥‥‥ 087
　　❶ 幕末の諸藩藩旗 ‥‥‥‥‥‥‥‥ 092
　　　（1）宇和島藩 ‥‥‥‥‥‥‥‥‥ 092
　　　（2）加賀藩 ‥‥‥‥‥‥‥‥‥‥ 093
　　　（3）紀州藩 ‥‥‥‥‥‥‥‥‥‥ 093
　　　（4）久留米藩 ‥‥‥‥‥‥‥‥‥ 093
　　　（5）熊本藩 ‥‥‥‥‥‥‥‥‥‥ 094
　　　（6）佐賀藩 ‥‥‥‥‥‥‥‥‥‥ 094
　　　（7）薩摩藩 ‥‥‥‥‥‥‥‥‥‥ 094
　　　（8）小倉藩 ‥‥‥‥‥‥‥‥‥‥ 095
　　　（9）松江藩 ‥‥‥‥‥‥‥‥‥‥ 095
　　　（10）大洲藩 ‥‥‥‥‥‥‥‥‥‥ 095
　　　（11）土佐藩 ‥‥‥‥‥‥‥‥‥‥ 095
　　　（12）徳島藩 ‥‥‥‥‥‥‥‥‥‥ 096
　　　（13）小城藩 ‥‥‥‥‥‥‥‥‥‥ 096
　　　（14）福井藩 ‥‥‥‥‥‥‥‥‥‥ 096
　　　（15）福岡藩 ‥‥‥‥‥‥‥‥‥‥ 096
　　　（16）広島藩 ‥‥‥‥‥‥‥‥‥‥ 097
　　　（17）御国総印 ‥‥‥‥‥‥‥‥‥ 097
　　❷ 戊辰戦争で使われた藩旗 ‥‥‥‥ 098
　　　❶ 旧幕府軍 ‥‥‥‥‥‥‥‥‥‥ 098
　　　（1）会津藩 ‥‥‥‥‥‥‥‥‥‥ 098
　　　（2）仙台藩 ‥‥‥‥‥‥‥‥‥‥ 098
　　　（3）盛岡藩 ‥‥‥‥‥‥‥‥‥‥ 098
　　　（4）福島藩 ‥‥‥‥‥‥‥‥‥‥ 099
　　　（5）姫路藩 ‥‥‥‥‥‥‥‥‥‥ 099
　　　（6）桑名藩 ‥‥‥‥‥‥‥‥‥‥ 099
　　　（7）松山藩 ‥‥‥‥‥‥‥‥‥‥ 099
　　　（8）庄内藩 ‥‥‥‥‥‥‥‥‥‥ 100
　　　（9）奥羽越列藩同盟旗 ‥‥‥‥‥ 100
　　　（10）榎本武揚艦隊旗 ‥‥‥‥‥‥ 101

　　　❷ 新政府軍 ‥‥‥‥‥‥‥‥‥‥ 102
　　　（1）久保田藩 ‥‥‥‥‥‥‥‥‥ 102
　　　（2）弘前藩 ‥‥‥‥‥‥‥‥‥‥ 102
　　　（3）尾張藩 ‥‥‥‥‥‥‥‥‥‥ 102
　　　（4）彦根藩 ‥‥‥‥‥‥‥‥‥‥ 102
　　　（5）福山藩 ‥‥‥‥‥‥‥‥‥‥ 103
　　　（6）紀州藩 ‥‥‥‥‥‥‥‥‥‥ 103
　　　（7）宇和島藩 ‥‥‥‥‥‥‥‥‥ 103
　　　（8）加賀藩 ‥‥‥‥‥‥‥‥‥‥ 103
　　　（9）久留米藩 ‥‥‥‥‥‥‥‥‥ 103
　　　（10）熊本藩 ‥‥‥‥‥‥‥‥‥‥ 103
　　　（11）佐賀藩 ‥‥‥‥‥‥‥‥‥‥ 103
　　　（12）小城藩 ‥‥‥‥‥‥‥‥‥‥ 103
　　　（13）小倉藩 ‥‥‥‥‥‥‥‥‥‥ 103
　　　（14）松江藩 ‥‥‥‥‥‥‥‥‥‥ 103
　　　（15）大洲藩 ‥‥‥‥‥‥‥‥‥‥ 103
　　　（16）徳島藩 ‥‥‥‥‥‥‥‥‥‥ 103
　　　（17）福井藩 ‥‥‥‥‥‥‥‥‥‥ 103
　　　（18）広島藩 ‥‥‥‥‥‥‥‥‥‥ 103
　　　（19）土佐藩 ‥‥‥‥‥‥‥‥‥‥ 103
　　　（20）薩摩藩 ‥‥‥‥‥‥‥‥‥‥ 103
　　　（21）鳥取藩 ‥‥‥‥‥‥‥‥‥‥ 103
　　　（22）津藩 ‥‥‥‥‥‥‥‥‥‥‥ 104
　　　（23）長州藩 ‥‥‥‥‥‥‥‥‥‥ 104
　　　（24）錦旗 ‥‥‥‥‥‥‥‥‥‥‥ 104

第Ⅲ部　「近代・現代の旗章」 ‥‥‥‥‥ 107
近代：明治から昭和前半　現代：昭和後半から平成・令和
　1．軍旗・皇室旗・自衛隊旗 ‥‥‥‥‥‥ 108
　　　警察予備隊、自衛隊関連の旗 ‥‥‥ 129
　2．行政旗 ‥‥‥‥‥‥‥‥‥‥‥‥‥‥ 148
　　　（1）日本船籍商船に掲げる国旗 ‥‥ 148
　　　（2）日本商船記（旗） ‥‥‥‥‥‥ 148
　　　（3）工部省御艦旗 ‥‥‥‥‥‥‥‥ 149
　　　（4）工部省附属船電信丸舳柱旗 ‥‥ 149
　　　（5）工部省測量標旗 ‥‥‥‥‥‥‥ 150
　　　（6）工部省鉄道建築測量標旗 ‥‥‥ 150

（7）税関旗 ･････････････････ 150
（8）水路嚮導旗 ･･･････････････ 151
（9）開拓使艦船用旗章 ･･････････ 151
（10）開拓使消防ポンプ旗章 ･･･････ 152
（11）開拓使消防ポンプ附属旗章 ････ 152
（12）日本国郵便蒸気船会社旗章 ････ 152
（13）税関旗 ･･････････････････ 153
（14）開拓使病院旗章 ･･････････ 153
（15）開拓使本庁旗章 ･･････････ 154
（16）開拓使保任社用船旗章 ･･････ 154
（17）税関所属小船用旗章 ･･･････ 154
（18）内務省地理寮測量標旗 ･････ 155
（19）開拓使札幌学校旗章 ･･･････ 155
（20）官許水先船旗章 ･･･････････ 155
（21）検疫信号旗 ･･････････････ 156
（22）税関附属船旗章 ･･･････････ 156
（23）税関附属船旗章 ･･･････････ 156
（24）税関附属船旗章 ･･･････････ 157
（25）要招水先旗 ･･････････････ 157
（26）郵便徽章 ･･･････････････ 157
（27）明治18年日本郵船会社社旗 ･･･ 158
（28）逓信省燈臺局徽章 ･････････ 158
（29）逓信省燈臺局附属船旗章 ･････ 158
（30）逓信省電信工業使用旗章 ･････ 159
（31）逓信省郵便徽章 ･･･････････ 159
（32）税関所属船旗章 ･･･････････ 160
（33）港長旗 ･････････････････ 160
（34）水上警察巡回用汽船及短艇旗章 ･･･ 160
（35）韓国統監府官庁及び統監乗船船舶旗章 ･･･ 161
（36）朝鮮總督府航路標識管理所所属船旗章 ･･･ 161
（37）朝鮮總督府税関所属船旗章 ････ 161
（38）白瀬南極探検隊開南丸旗章 ････ 162
（39）逓信省逓信管理局海事部所属船旗章 ･･･ 162
（40）漁業取締及び調査用農商務省使用船旗章 ･･･ 162
（41）逓信省海底電線敷設船旗章 ････ 163
（42）海港検疫所用船旗章 ･･････････ 163

（43）水先船旗章 ･･････････････ 163
（44）鐵道省並びに鐵道省附属汽船旗章 ･･･ 164
（45）農商務省漁業取締及調査船旗章 ･･･ 164
（46）農商務省輸出入植物取締用植物検査官乗船旗章 ･･･ 164
（47）安全旗 ･･････････････････ 165
（48）朝鮮總督府監獄旗章 ･･･････ 165
（49）漁業取締及調査用朝鮮總督府所属船旗章 ･･･ 165
（50）兵庫県漁業取締用内務部使用船旗章 ･･･ 166
（51）臺灣總督府輸出入植物取締用植物検査員乗用旗章 ･･･ 166
（52）南洋廳所属水産調査船旗章 ････ 166
（53）満洲国漁業保護旗 ･････････ 167
（54）水先船旗 ･･･････････････ 167
（55）満洲帝国税関所属船舶旗章 ････ 168
（56）宮城県漁業取締船舶用旗章 ････ 168
（57）農林省營林局及營林署所属船舶旗章 ･･･ 168
（58）満洲帝国郵便旗章 ･････････ 169
（59）臺灣總督府交通局海事出張所旗章 ･･･ 169
（60）逓信省海底電線敷設船旗 ･････ 169
（61）蒙疆聯合自治政府郵便旗章 ････ 170
（62）漁業取締及調査用農林省使用船舶旗章 ･･･ 170
（63）日本船旗章 ･･････････････ 170
（64）日本船舶旗 ･･････････････ 171
（65）検疫所用船舶旗章 ･････････ 171
（66）海上保安庁旗 ･････････････ 172
（67）山口県水産試験場所属船旗章 ････ 172
（68）琉球船舶旗 ･･･････････････ 172
（69）海上保安庁旗 ･････････････ 173
（70）佐賀県漁業取締船旗章 ･･･････ 173
（71）法務省入国管理局旗章 ･･････ 173
（72）運輸省航海訓練所旗 ･･･････ 174
（73）運輸省第二港湾建設局旗章 ････ 174
（74）労働衛生旗 ･･････････････ 174
（75）琉球政府税関所属船旗章 ････ 175
（76）検疫所用船舶旗章 ･････････ 175
（77）熊本県漁業取締船舶旗章 ････ 176
（78）動物検疫用船舶旗章 ･･･････ 176

（79）和歌山県漁業指導船及調査船旗章 … 176
　　（80）愛知県漁業取締船舶旗章 ……… 177
　　（81）兵庫県漁業取締用船舶旗章 …… 177
　　（82）安全衛生旗 …………………… 177
　　（83）警視庁旗 ……………………… 178
　　（84）宮城県漁業取締用船舶旗章 …… 178
　　（85）農林省動物検疫船舶旗章 ……… 178
　　（86）山口県水産試験場所属船旗章 … 179
　　（87）鳥取県漁業取締船舶旗章 ……… 179
　　（88）日本国国旗 …………………… 179

3．官庁旗 ………………………………… 183
　　（1）内閣官房 …………………… 183
　　（2）内閣法制局 ………………… 183
　　（3）人事院 ……………………… 183
　　（4）内閣府 ……………………… 183
　　（5）宮内庁 ……………………… 184
　　（6）公正取引委員会 …………… 184
　　（7）国家公安委員会 …………… 185
　　（8）警察庁 ……………………… 185
　　（9）個人情報保護委員会 ……… 185
　　（10）金融庁 ……………………… 185
　　（11）消費者庁 …………………… 186
　　（12）復興庁 ……………………… 186
　　（13）総務省 ……………………… 187
　　（14）公害等調整委員会 ………… 187
　　（15）消防庁 ……………………… 187
　　（16）法務省 ……………………… 188
　　（17）公安調査庁 ………………… 188
　　（18）外務省 ……………………… 189
　　（19）財務省 ……………………… 189
　　（20）国税庁 ……………………… 189
　　（21）文部科学省 ………………… 190
　　（22）スポーツ庁 ………………… 190
　　（23）文化庁 ……………………… 191
　　（24）厚生労働省 ………………… 191
　　（25）中央労働委員会 …………… 191

　　（26）農林水産省 ………………… 192
　　（27）林野庁 ……………………… 192
　　（28）水産庁 ……………………… 192
　　（29）経済産業省 ………………… 192
　　（30）資源エネルギー庁 ………… 193
　　（31）特許庁 ……………………… 193
　　（32）中小企業庁 ………………… 194
　　（33）国土交通省 ………………… 195
　　（34）観光庁 ……………………… 195
　　（35）気象庁 ……………………… 196
　　（36）運輸安全委員会 …………… 197
　　（37）海上保安庁 ………………… 197
　　（38）環境省 ……………………… 198
　　（39）原子力規制委員会 ………… 199
　　（40）防衛省 ……………………… 199
　　（41）防衛装備庁 ………………… 199
　　（42）会計検査院 ………………… 200

4．都道府県市町村旗 …………………… 201
　　（1）北海道旗 …………………… 201
　　　　（1）-1　札幌市旗 ………… 201
　　　　（1）-2　旭川市旗 ………… 202
　　　　（1）-3　函館市旗 ………… 202
　　（2）青森県旗 …………………… 202
　　　　（2）-1　青森市旗 ………… 203
　　　　（2）-2　八戸市旗 ………… 203
　　（3）岩手県旗 …………………… 203
　　　　（3）-1　盛岡市旗 ………… 203
　　（4）宮城県旗 …………………… 204
　　　　（4）-1　仙台市旗 ………… 204
　　（5）秋田県旗 …………………… 204
　　　　（5）-1　秋田市旗 ………… 204
　　（6）山形県旗 …………………… 205
　　　　（6）-1　山形市旗 ………… 205
　　（7）福島県旗 …………………… 205
　　　　（7）-1　福島市旗 ………… 206
　　　　（7）-2　いわき市旗 ……… 206

（7）-3 郡山市旗 ・・・・・・・・・・・・ 206
（8）茨城県旗 ・・・・・・・・・・・・・・・・・・・ 206
　　（8）-1 水戸市旗 ・・・・・・・・・・・・ 207
（9）栃木県旗 ・・・・・・・・・・・・・・・・・・・ 207
　　（9）-1 宇都宮市旗 ・・・・・・・・・ 207
（10）群馬県旗 ・・・・・・・・・・・・・・・・・・ 207
　　（10）-1 前橋市旗 ・・・・・・・・・・・ 208
　　（10）-2 伊勢崎市旗 ・・・・・・・・・ 208
　　（10）-3 太田市旗 ・・・・・・・・・・・ 208
　　（10）-4 高崎市旗 ・・・・・・・・・・・ 208
（11）埼玉県旗 ・・・・・・・・・・・・・・・・・・ 209
　　（11）-1 さいたま市旗 ・・・・・・・ 209
　　（11）-2 上尾市旗 ・・・・・・・・・・・ 209
　　（11）-3 春日部市旗 ・・・・・・・・・ 210
　　（11）-4 川口市旗 ・・・・・・・・・・・ 210
　　（11）-5 川越市旗 ・・・・・・・・・・・ 210
　　（11）-6 越谷市旗 ・・・・・・・・・・・ 210
　　（11）-7 草加市旗 ・・・・・・・・・・・ 211
　　（11）-8 所沢市旗 ・・・・・・・・・・・ 211
（12）千葉県旗 ・・・・・・・・・・・・・・・・・・ 211
　　（12）-1 千葉市旗 ・・・・・・・・・・・ 211
　　（12）-2 市川市旗 ・・・・・・・・・・・ 212
　　（12）-3 市原市旗 ・・・・・・・・・・・ 212
　　（12）-4 柏市旗 ・・・・・・・・・・・・・ 212
　　（12）-5 船橋市旗 ・・・・・・・・・・・ 212
　　（12）-6 松戸市旗 ・・・・・・・・・・・ 213
（13）東京都旗 ・・・・・・・・・・・・・・・・・・ 213
　　（13）-1 新宿区旗 ・・・・・・・・・・・ 213
　　（13）-2 足立区旗 ・・・・・・・・・・・ 213
　　（13）-3 荒川区旗 ・・・・・・・・・・・ 214
　　（13）-4 板橋区旗 ・・・・・・・・・・・ 214
　　（13）-5 江戸川区旗 ・・・・・・・・・ 214
　　（13）-6 大田区旗 ・・・・・・・・・・・ 214
　　（13）-7 葛飾区旗 ・・・・・・・・・・・ 215
　　（13）-8 北区旗 ・・・・・・・・・・・・・ 215
　　（13）-9 江東区旗 ・・・・・・・・・・・ 215

　　（13）-10 品川区旗 ・・・・・・・・・・ 215
　　（13）-11 渋谷区旗 ・・・・・・・・・・ 216
　　（13）-12 杉並区旗 ・・・・・・・・・・ 216
　　（13）-13 墨田区旗 ・・・・・・・・・・ 216
　　（13）-14 世田谷区旗 ・・・・・・・・ 216
　　（13）-15 台東区旗 ・・・・・・・・・・ 217
　　（13）-16 中央区旗 ・・・・・・・・・・ 217
　　（13）-17 千代田区旗 ・・・・・・・・ 217
　　（13）-18 豊島区旗 ・・・・・・・・・・ 217
　　（13）-19 中野区旗 ・・・・・・・・・・ 218
　　（13）-20 練馬区旗 ・・・・・・・・・・ 218
　　（13）-21 文京区旗 ・・・・・・・・・・ 218
　　（13）-22 港区旗 ・・・・・・・・・・・・ 218
　　（13）-23 目黒区旗 ・・・・・・・・・・ 219
　　（13）-24 調布市旗 ・・・・・・・・・・ 219
　　（13）-25 八王子市旗 ・・・・・・・・ 219
　　（13）-26 府中市旗 ・・・・・・・・・・ 219
　　（13）-27 町田市旗 ・・・・・・・・・・ 220
（14）神奈川県旗 ・・・・・・・・・・・・・・・・ 220
　　（14）-1 横浜市旗 ・・・・・・・・・・・ 220
　　（14）-2 厚木市旗 ・・・・・・・・・・・ 220
　　（14）-3 小田原市旗 ・・・・・・・・・ 221
　　（14）-4 川崎市旗 ・・・・・・・・・・・ 221
　　（14）-5 相模原市旗 ・・・・・・・・・ 221
　　（14）-6 茅ヶ崎市旗 ・・・・・・・・・ 221
　　（14）-7 平塚市旗 ・・・・・・・・・・・ 222
　　（14）-8 藤沢市旗 ・・・・・・・・・・・ 222
　　（14）-9 大和市旗 ・・・・・・・・・・・ 222
　　（14）-10 横須賀市旗 ・・・・・・・・ 222
（15）新潟県旗 ・・・・・・・・・・・・・・・・・・ 223
　　（15）-1 新潟市旗 ・・・・・・・・・・・ 223
　　（15）-2 上越市旗 ・・・・・・・・・・・ 223
　　（15）-3 長岡市旗 ・・・・・・・・・・・ 223
（16）富山県旗 ・・・・・・・・・・・・・・・・・・ 224
　　（16）-1 富山市旗 ・・・・・・・・・・・ 224
（17）石川県旗 ・・・・・・・・・・・・・・・・・・ 224

(17)-1　金沢市旗・・・・・・・・・・・・・224

(18)　福井県旗・・・・・・・・・・・・・225

　　(18)-1　福井市旗・・・・・・・・・・・・・225

(19)　山梨県旗・・・・・・・・・・・・・225

　　(19)-1　甲府市旗・・・・・・・・・・・・・225

(20)　長野県旗・・・・・・・・・・・・・226

　　(20)-1　長野市旗・・・・・・・・・・・・・226

　　(20)-2　松本市旗・・・・・・・・・・・・・226

(21)　岐阜県旗・・・・・・・・・・・・・227

　　(21)-1　岐阜市旗・・・・・・・・・・・・・227

(22)　静岡県旗・・・・・・・・・・・・・227

　　(22)-1　静岡市旗・・・・・・・・・・・・・227

　　(22)-2　浜松市旗・・・・・・・・・・・・・228

　　(22)-3　富士市旗・・・・・・・・・・・・・228

(23)　愛知県旗・・・・・・・・・・・・・228

　　(23)-1　名古屋市旗・・・・・・・・・・・228

　　(23)-2　一宮市旗・・・・・・・・・・・・・229

　　(23)-3　岡崎市旗・・・・・・・・・・・・・229

　　(23)-4　春日井市旗・・・・・・・・・・・229

　　(23)-5　豊田市旗・・・・・・・・・・・・・229

　　(23)-6　豊橋市旗・・・・・・・・・・・・・230

(24)　三重県旗・・・・・・・・・・・・・230

　　(24)-1　津市旗・・・・・・・・・・・・・・220

　　(24)-2　四日市市旗・・・・・・・・・・・220

(25)　滋賀県旗・・・・・・・・・・・・・231

　　(25)-1　大津市旗・・・・・・・・・・・・・231

(26)　京都府旗・・・・・・・・・・・・・231

　　(26)-1　京都市旗・・・・・・・・・・・・・231

(27)　大阪府旗・・・・・・・・・・・・・232

　　(27)-1　大阪市旗・・・・・・・・・・・・・232

　　(27)-2　茨木市旗・・・・・・・・・・・・・232

　　(27)-3　岸和田市旗・・・・・・・・・・・232

　　(27)-4　堺市旗・・・・・・・・・・・・・・233

　　(27)-5　吹田市旗・・・・・・・・・・・・・233

　　(27)-6　高槻市旗・・・・・・・・・・・・・233

　　(27)-7　豊中市旗・・・・・・・・・・・・・233

　　(27)-8　寝屋川市旗・・・・・・・・・・・234

　　(27)-9　東大阪市旗・・・・・・・・・・・234

　　(27)-10　枚方市旗・・・・・・・・・・・・234

　　(27)-11　八尾市旗・・・・・・・・・・・・234

(28)　兵庫県旗・・・・・・・・・・・・・235

　　(28)-1　神戸市旗・・・・・・・・・・・・・235

　　(28)-2　明石市旗・・・・・・・・・・・・・235

　　(28)-3　尼崎市旗・・・・・・・・・・・・・235

　　(28)-4　加古川市旗・・・・・・・・・・・236

　　(28)-5　西宮市旗・・・・・・・・・・・・・236

　　(28)-6　姫路市旗・・・・・・・・・・・・・236

(29)　奈良県旗・・・・・・・・・・・・・237

　　(29)-1　奈良市旗・・・・・・・・・・・・・237

(30)　和歌山県旗・・・・・・・・・・・237

　　(30)-1　和歌山市旗・・・・・・・・・・・237

(31)　鳥取県旗・・・・・・・・・・・・・238

　　(31)-1　鳥取市・・・・・・・・・・・・・・238

(32)　島根県旗・・・・・・・・・・・・・238

　　(32)-1　松江市旗・・・・・・・・・・・・・238

(33)　岡山県旗・・・・・・・・・・・・・239

　　(33)-1　岡山市旗・・・・・・・・・・・・・239

　　(33)-2　倉敷市旗・・・・・・・・・・・・・239

(34)　広島県旗・・・・・・・・・・・・・239

　　(34)-1　広島市旗・・・・・・・・・・・・・240

　　(34)-2　呉市旗・・・・・・・・・・・・・・240

　　(34)-3　福山市旗・・・・・・・・・・・・・240

(35)　山口県旗・・・・・・・・・・・・・240

　　(35)-1　山口市旗・・・・・・・・・・・・・241

　　(35)-2　下関市旗・・・・・・・・・・・・・241

(36)　徳島県旗・・・・・・・・・・・・・241

　　(36)-1　徳島市旗・・・・・・・・・・・・・241

(37)　香川県旗・・・・・・・・・・・・・242

　　(37)-1　高松市旗・・・・・・・・・・・・・242

(38)　愛媛県旗・・・・・・・・・・・・・242

　　(38)-1　松山市旗・・・・・・・・・・・・・242

(39)　高知県旗・・・・・・・・・・・・・243

（39）-1　高知市旗 ･････････ 243
（40）福岡県旗 ･･････････････････ 243
　　　（40）-1　福岡市旗 ･････････ 243
　　　（40）-2　北九州市旗 ･･･････ 244
　　　（40）-3　久留米市旗 ･･･････ 244
（41）佐賀県旗 ･･････････････････ 244
　　　（41）-1　佐賀市旗 ･････････ 244
（42）長崎県旗 ･･････････････････ 245
　　　（42）-1　長崎市旗 ･････････ 245
　　　（42）-2　佐世保市旗 ･･･････ 245
（43）熊本県旗 ･･････････････････ 245
　　　（43）-1　熊本市旗 ･････････ 246
（44）大分県旗 ･･････････････････ 246
　　　（44）-1　大分市旗 ･････････ 246
（45）宮崎県旗 ･･････････････････ 246
　　　（45）-1　宮崎市旗 ･････････ 247
（46）鹿児島県旗 ････････････････ 247
　　　（46）-1　鹿児島市旗 ･･･････ 247
（47）沖縄県旗 ･･････････････････ 247
　　　（47）-1　那覇市旗 ･････････ 248
（48）大阪府田尻町旗 ････････････ 249
（49）島根県海士町旗 ････････････ 249
（50）徳島県牟岐町旗 ････････････ 249
（51）岐阜県北方町旗 ････････････ 249
（52）北海道様似町旗 ････････････ 250
（53）福岡県添田町旗 ････････････ 250
（54）北海道鹿部町旗 ････････････ 250
（55）北海道雄武町旗 ････････････ 250
（56）長野県上松町旗 ････････････ 251
（57）高知県北川村旗 ････････････ 251
（58）高知県大川村旗 ････････････ 251
（59）岡山県西粟倉村旗 ･･････････ 251
（60）岡山県新庄村旗 ････････････ 252
（61）北海道新篠津村旗 ･･････････ 252
（62）北海道泊村旗 ･･････････････ 252
（63）長野県阿智村旗 ････････････ 252

（64）長野県白馬村旗 ････････････ 253
（65）長野県中川村旗 ････････････ 253
デザインの特徴 ･････････････････ 254
（1）使用色数 ･･････････････････ 254
（2）地色 ･････････････････････ 254
（3）伝統色 ･･････････････････ 255
（4）自治体名頭文字の図案化 ･････ 255
（5）植物の図案化 ･････････････ 256
（6）鳥類の図案化 ･････････････ 256
（7）文様の図案化 ･････････････ 257
（8）自治体旗の制定時期 ･･･････ 258
（9）平成時代の自治体旗 ･･･････ 258

参考文献 ･･････････････････････ 261

第Ⅰ部

「古代・中世の旗章」
"Ancient and Medieval Flags"

1. 弥生時代、飛鳥・奈良時代
Yayoi Period and Asuka Nara Period

　古来より、人は集団を形成すると他の集団との識別を図り、自らのアイデンティティーを確立し、集団への帰属意識を高めるための標識を作ってきた。それは集団の歴史、性格、理念を示すシンボルとして集団の構成員に分かりやすい色や形をもった標識であった。布製であれば旗と呼ばれ、その他、紙、木、金属などの素材を使い、立体成形した標識も同じ目的で作られた。日本の戦国時代の戦陣指揮者の目印であった「馬印」や西洋の「ヴェクシロイド」がこれにあたる。
　旗は集団の識別のほか、情報の伝達手段や慶弔の表明として軍事、祭事、儀礼に用いられてきた。

　紀元前3000年古代エジプトのナル・メル王時代に地方州を表す竿の先端に牛や鷲など動物の形をした立体成形物が使われたレリーフが残されている。時代は下り、紀元前20年前後の帝政ローマ時代には竿の先端に鷲の成形物を飾り、その下に横木を付して正方形の布を付けた部隊旗「ヴェクシラム」が作られた。西洋ではこれが布製旗の起源だと言われている。

　東洋では紀元前1040年頃、周王朝が興り、始祖である武王はその存在を示す目印として白旗を用いたと伝えられている。図もなく正確なことは不明だが、槍先に白い長旗を付けていたと推測されている。

ナル・メル王ヴェクシロイド
King Narmer's vexilloids

帝政ローマ・ヴェクシラム
Roman Empire vexillum

　さて、日本に関しての旗に関する記述が初めて見られるのは三国志の中の『魏志倭人伝』と言われる。

　霊力の衰えを悟った倭国の卑弥呼は狗奴国との開戦を決意し、魏に支援を求めた。正始6年（246）これに対し、魏王朝からは帯方郡を介して皇帝の詔書や官軍であることを示す黄幢（こうどう）が倭国軍を指揮する難升米（なしめ）に与えられ、魏が味方することを鮮明に伝えた。

　「黄幢」とは鉄製の湾曲したパイプに絹織物などで幾本もの房を垂らした、騎馬部隊旗印の一種で、竿の先端は毛を束ね、下を切り揃えた日本の馬印で、禿や赤熊に似た形状をしていた。魏の帝位を「黄祚（こうそ）」と言い、黄色は魏のナショナルカラーであり、皇帝の色でもあった。し

たがって黄幢は倭国に対して魏王朝皇帝の権威を示す御旗として授けられたと見られる。これは大陸から伝来した特殊な形状をした旗の類として文献に登場するもので、日本にはそれ以前から祭事、軍事に布が旗として用いられていたと考えられる。

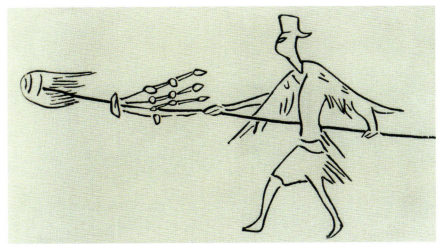 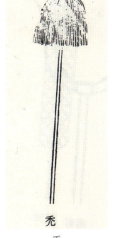

漢王朝幢図　　　　　　　　　禿
Han Dynasty war standard (Doh)　Kaburo standard

　元嘉元年（672）の壬申の乱では、大海人皇子、後の天武天皇の軍が近江へ進軍する際に肩に赤い目印を付け、赤旗を用いたことが万葉集に記され、「武蔵寺縁起絵図」に描かれている。

　天平宝字元年（757）の養老律令の解説書で、天長10年（833）淳和天皇の勅により編纂された『令義解』軍防令には軍旗の制があり、将軍旗は纛幡、隊長旗は隊幡、兵士の旗は軍幡としてすでに所属・職階の標示となっている。軍防令44条では軍幡の兵士宅保管を禁じている。
　『日本書紀』には熊野の有馬村で伊弉冉尊(いざなみ)を祭るときに鼓吹幡旗が用いられたこと、『日本霊異記』には小子部栖軽は馬上で赤い幡桙を手に雷神を招いたと記されている。和銅6年（713）『常陸国風土記』には赤旗青旗が古代葬儀に用いられたという記述があり、古代においても軍事、祭事用の旗がわが国に存在していたことが分かる。ちなみに、古代の「青」は「漠たる色」即ちぼやけた色を指し、ブルー系、グリーン系、グレー系と幅広い色概念であったため、現在のブルーとは特定し難い。

壬申の乱　赤流旗（「武蔵寺縁起絵図」）
Red flags used in Jinshin War in 672

1. 弥生時代、飛鳥・奈良時代　*Yayoi Period and Asuka Nara Period*　013

古代葬祭旗想像復元図
Imaginary restored ancient funerary flag in 713

　古代で旗の類がよく使われたのは皇室の儀式で、大宝元年（701）文武天皇が正月に行った朝賀の儀式で宝幢と呼ばれる7本の幢が使われた記述が『続日本書紀』に出てくる。朝賀の儀式は、元日に天皇が大極殿で臣下の年頭の拝賀を受ける儀式で、大化2年（646）孝徳天皇によって始まったと言われる。7本の幢とは日像幢、月像幢、銅烏幢、玄武旗、白虎旗、朱雀旗、蒼龍旗である。前者3旒は日本固有のもので布製ではなく旗章学で言うヴェクシロイドである。後者4旒は「四神旗」と呼ばれ、581年隋の文帝即位以来中国で使われてきたものと伝えられている。遣隋使によって推古期に導入されたと推定される。

　旗のデザインを伝える最古の絵画として「文安御即位調度図」があり、写本を国立公文書館が所蔵している。これらの中で日像幢を日章旗の起源とする、と記した旗関連書籍が散見されるが、そもそも布製の旗ではなく、色も赤ではないヴェクシロイドなので、成立し難い推論と言わざるを得ない。その後、朝賀は省略され、幢旗の使用は天皇の即位式のみとなり、平成2年（1990）11月12日の天皇即位式でもさまざまな旛が用いられた。赤地錦織に日章、月章、菊花章とデザインが変容しており、日像、月像幢は南北朝以来の錦旗、さらには近代の天皇旗の起源と考えたほうが自然であろう。

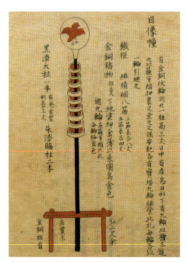 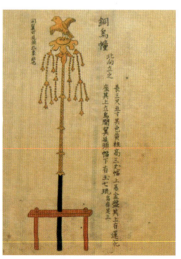 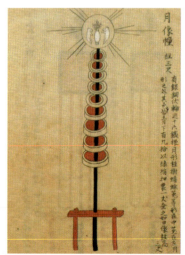

文安御即位調度図（国立公文書館蔵）　日像幢・銅烏幢・月像幢
Sun shaped vexilloid · Crow shaped vexilloid · Moon shaped vexilloid In 701

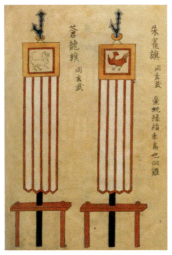

蒼龍旗・朱雀旗
Blue dragon flag・Red sparrow flag

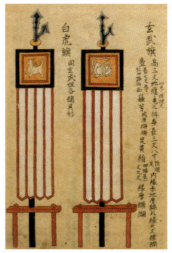

白虎旗・玄武旗
White tiger flag・Black turtle flag

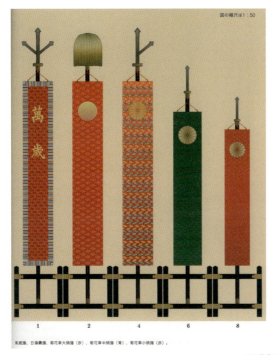

平成御即位幡
Flags used in Emperor coronation in 1990

1. 弥生時代、飛鳥・奈良時代 Yayoi Period and Asuka Nara Period

2. 源平時代
Genpei Period

　平安時代末期の治承4年（1180）から元暦4年（1185）にかけての6年間にわたる大規模な内乱を俗に源平合戦と呼んでいる。後白河法皇の皇子以仁王の令旨を受けた諸国源氏の挙兵を契機に各地で平清盛を中心とする平氏政権に対する反乱が起こり、元暦4年（1185）長門国壇ノ浦における平氏一門の崩壊により、源頼朝を中心とした主に坂東源氏から構成される関東政権（鎌倉幕府）の樹立という結果に至る。

　『平治物語』『源平盛衰記』などの書物や絵図によって、源氏が白旗、平氏が赤旗を用いたことが明らかとなっている。上古以来、朝廷の旗が赤であったことから平氏は官軍の色であり、魔除けの色である赤旗を授かり、対する源氏は清廉潔白の意味があり、軍神である八幡大菩薩の加護を求め、神の宿る色の白を旗としたと言われる。

壇ノ浦合戦　平氏赤旗・源氏白旗（平家物語絵巻）
Heike red flags and Genji white flags at Dannoura battle in 1185

　寛政12年（1800）松平定信を中心に学者が4年の歳月をかけて編纂した木版図録集である「集古十種」に所載の平氏源氏の旗は次の通り。
　合戦では敵味方を識別する単純な無字無紋の赤旗、白旗が多く使われたが、指揮官には個人旗も存在した。
（1）平行盛旗
　北斗七星紋と「南無阿弥陀仏」文字。長さ3尺3寸8分、幅1尺2寸9分。摂津天王寺蔵。
（2）平清盛旗
　「南無阿弥陀仏」文字。長さ2尺5寸5分、幅1尺2寸9分。同上蔵。
（3）平重盛旗
　赤地「九萬八千軍神」文字。幅1尺4寸3分、相模国鎌倉補陀羅伽寺蔵。

平行盛旗
Tairano Yukimori Heike flags

平清盛旗
Tairano Kiyomori

平重盛旗
Tairano Shigemori

　後年、平氏の赤旗に白揚羽蝶紋を付した流旗がたびたび書物に登場する。
　蝶は平安時代から装飾模様として使われ始め、平家一門も鎧などに蝶の柄を好んで付けていた。清盛の後裔を称する伊勢の関氏、平氏の後裔を称した織田信長や池田氏、建部氏も蝶紋を用いたことが知られている。しかし源平時代に平氏が旗に付けた蝶は揚羽蝶ではなく、写実的な形の2羽の蝶の模様であった。志摩国五智村庄屋所蔵の平家赤旗図や徳島県西祖谷村平家屋敷、熊本県五家荘平家の里資料館の復元旗で蝶の形が確認できる。

揚羽蝶平氏赤旗？？
Heike butterfly red flag ?

西祖谷蝶赤旗

五家荘蝶赤旗
Nishisoya, Gokaso Heike red butterfly flags

五智村蝶旗
Gochi village butterfly flag

無字無紋赤旗
Heike plain red flag

（4）源義家旗
　白地黒二つ引両に「八幡大菩薩」文字の流旗。「八」は2羽の鳩の形。長さ9尺、幅1尺7寸5分、井伊家蔵。長暦3年（1039）—嘉承元年（1106）源頼朝の祖先で新興武士勢力の象徴。

（5）千葉常胤旗
　白地黒月日紋に氏名。武蔵葛飾郡牛御寿社蔵。元永元年（1118）—建仁元年（1201）安房武将。

（6）熊谷直実旗
　白地黒向い鳩にホヤ神号「天照皇太神宮」梵語。長さ1尺8寸2分、幅6寸8分。永治2年（1141）—建永2年（1207）頼朝御家人。

源義家旗
Minamoto Yoshiie

千葉常胤旗
Chiba Tsunetane

熊谷直実旗
Kumagai Naozane

源平合戦では白無紋旗やそれに黒二つ引両を入れた旗が圧倒的に多かった。

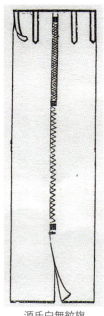
源氏白無紋旗
Genji plain white flag

源氏二つ引両白旗
Genji white flag with two black stripes

　平家が滅亡した文治元年（1185）源頼朝は白旗を源氏嫡流の旗として、余人の使用を許さなかった。文治5年（1189）8月、源頼朝が藤原泰衡征伐のために奥州に軍を進めた時、下野国宇都宮を通過の際、常陸国から馳せ参じた源氏の一族佐竹隆義が、無文の白旗を掲げているのを見とがめ、白旗の使用を禁じた。この時、頼朝は隆義に、月を描いた扇を与えて、この文様を旗に付けるように命じたと『吾妻鏡』は伝えている。同様に白旗を用いた武蔵国の畠山重忠に藍皮を与えた。ところどころに濃い部分を置き、その周りをしだいに薄くぼかす染め方の村濃*紋の発生を促す契機となった。

＊についてはP034参照

佐竹隆義旗
Satake Takayoshi

畠山重忠旗
Hatakeyama Shigetada

2. 源平時代　Genpei Period

源頼朝こだわりの無紋白旗想像復元図
Minamoto Yoritomo's favorite plain white flag imaginary restored image

源氏笹竜胆紋白旗??
Genji white flag with a gentian family emblem?

後世になり、源氏流旗に黒の笹竜胆紋が源氏の代表紋として付けられた白旗の絵図が散見されるようになるが、鎌倉幕府を開いた源頼朝が笹竜胆紋を用いた確証はない。徳川幕府が編纂し、文化9年（1812）に完成した大名旗本の家譜集である「寛政重修諸家譜」に記載された清和源氏の家紋は桐紋、二つ引両、桔梗紋、沢瀉紋が多数派で、笹竜胆紋を用いていた家は全体の1％にすぎず、清和源氏の代表紋とは言えない数字である。

　さて、「白地赤丸」の日章旗の原型は「不詳」だとされているが、現在のようになったのは、源平合戦の結果が影響していると言う説がある。
　官軍を名乗る平家は赤旗と共に「赤地金丸」の旗を、源氏が白旗と共に「白地赤丸」の旗を源平合戦に掲げたと言われる。屋島で那須与一が射落とした平家の船に掲げられた日の丸は、今の日の丸の色ではなく、平家物語では、皆紅の扇と書かれている。つまり「赤地に金色」の日の丸であった。平家を倒した源氏によって武家政権ができると、「白地赤丸」の日の丸が天下統一の証として受け継がれたと見る向きもある。複数の戦国武将が白地赤丸を用いている。歴史的には源氏の白旗を引き継いだのが足利将軍室町幕府で黒二つ引両を入れたりもした。室町時代に白旗が武家の御旗で、赤旗が錦の御旗として登場してくる。この足利幕府を倒したのが織田信長で、平氏の縁ありと自ら主張し、平家の蝶紋も用いた。信長は平家の赤旗に日章の金色を入れ、馬印に用いた。後継者の秀吉も総金の幟旗に金の逆さ瓢箪を馬印にした。これを打ち破った徳川家康は、再び無紋白旗を用い、自らの出自が源氏であると主張した。これを破った薩長土肥藩は平氏を官軍とした朝廷に縁がある赤地錦に金の菊花紋章や日章を配した錦の御旗を用いて、徳川の源氏白旗を打ち倒した。何とも長きにわたる源平紅白旗合戦である。明治維新後、錦の御旗は皇室に戻され天皇旗となり、武家の旗に由来する白旗に赤丸をつけたものが国民も使える国旗となったと考えられないだろうか。

赤地金丸の扇を射る那須与一
Heike red fan with gold sun

白地赤丸の扇を使う牛若丸
Genji white fan with red sun

2. 源平時代　Genpei Period　021

3. 鎌倉時代
Kamakura Period

　豊富な文献が残る源平時代に比べると、北条氏統治下の鎌倉時代は相対的に旗についての資料が少ない。

　愛媛県大山祇神社に越智水軍統領で承久3年（1221）の承久の乱で後鳥羽上皇方について北条義時軍に破れ、平泉に流された河野通信(こうのみちのぶ)が使ったと言われる旗が残っている。白地黒二つ引両に角折敷縮み「三」文字紋、上部に「三島大明神」「八幡大菩薩」「伊勢大神宮」の三神号が書かれている。「三」は三島大明神の頭文字で水軍の船印として使われた。寛政12年（1800）松平定信により編纂された「集古十種」に図が記載されている。

　鎌倉時代の文永11年（1274）及び弘安4年（1281）の2度にわたって中国大陸を支配していたモンゴル帝国（元）とその属国高麗王国による大規模艦隊を率いた日本侵略が行われた。元寇または蒙古襲来と呼ばれる。永仁元年（1293）にその様子を描いた2巻からなる『蒙古襲来絵詞』に元の軍旗や参戦した西国武士の幟旗が描かれている。

　元の軍旗は赤地白丸に赤い火焔脚を配した縦長旗。ちょうど日の丸を反転したデザインにも見える。西国武士は幟旗が作られる前の時代なので、すべて流旗を使っている。

（1）大矢野次郎種保(おおやのじろうたねやす)

　白地裾濃丸に桐紋。

　桐紋は後に足利将軍家紋など高貴な家紋として知られているが、蒙古襲来絵詞の種保軍旗が初見とされる。

（2）竹崎五郎兵衛尉季長(たけさきごろうひょうえのじょうすえなが)

　白地裾濃三つ目結(みつめゆい)に「吉」文字紋。

（3）菊池次郎(きくちじろう)

　白地裾濃並び鷹羽紋。

　鷹の羽は肥後国阿蘇神社の神紋。源為朝に仕えた菊池の頭首が使い始めたと言われる。

（4）島津下野守久親(しまづしもつけのかみひさちか)

　白地鶴丸に十文字。

　鶴は古来より霊鳥として、亀と並んで長寿の印。島津家の旗紋が古く、後の戦国時代には南部氏や蒲生氏が用いた。

（5）白石六郎通泰(しらいしろくろうみちやす)

　白地裾濃丸に松竹鶴亀。

(6) 太宰小弐三郎左衛門景資

白地裾濃四つ目結紋。「目結紋」は染物の鹿の子絞り文様を図案化したもので、近江源氏の佐々木氏の家紋。武家の家紋では最も古いものの一つと言われる。

「裾濃*」とは旗の下部を紺や黒で濃色に染め分けて、識別しやすくしたもの。

*についてはP034参照

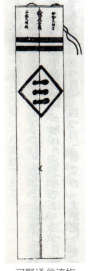
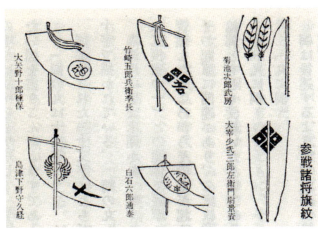

河野通信流旗
Kohno Michinobu

元寇参戦西国武士流旗(『蒙古襲来絵詞』)
Flags of samurais fought against Mongolians in 1274/1281

並び鷹の羽
Hawk's feathers

三つ目結に吉文字
Three meshes

四つ目結
Four meshes

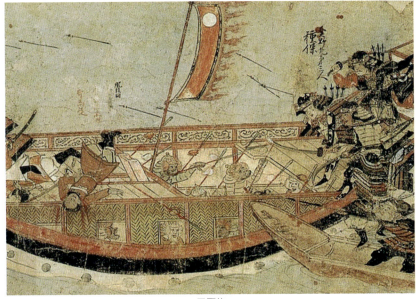
元軍旗
Mongolian war flag

3. 鎌倉時代 Kamakura Period 023

流旗裾濃
Flow-flag with blue lower part

文永3年（1272）執権北条時宗の過所旗。
白地に北条家の家紋「三つ鱗」。「過所旗」とは航行の自由を保証する旗。

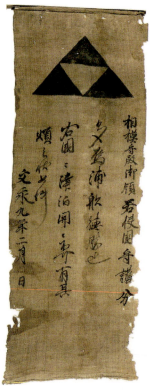

北条時宗過所旗（京都大学総合博物館蔵）
Hojyo Tokimune sailing permit ensign

4. 南北朝時代・室町時代後期
Nanboku-cho Period / Muromachi late Period

　政治が激動した南北朝時代から、落ち着きを取り戻した室町時代後期に登場した旗章を列挙する。

(1) 楠木正成（くすのきまさしげ）

　鎌倉時代末期から南北朝時代にかけての武将で、後醍醐天皇に仕え、鎌倉幕府打倒を目指し、足利尊氏（高氏）と共に天皇を助けて建武の新政に貢献した。尊氏の反乱後は新田義貞、北畠顕家と南朝側となって戦ったが、湊川の戦いで敗死した。

　後醍醐天皇から菊紋を下賜されたが、畏れ多いとして、下半分を水に流した「菊水紋」にしたと伝えられる。

　楠木菊水旗として「集古十種」に収録された中には菊水紋の下に「非理法権天」「非理法憲天」と記された流旗がある。非は理に、理は法に、法は権に、権は天に勝たず。天道には勝てないという信念を記したものと伝えられている。

楠木正成軍旗（信貴山本覚院蔵）　　　家紋
Kusunoki Masashige war flags and family emblem

(2) 新田義貞（にったよしさだ）

　楠木正成と共に後醍醐天皇に仕え、鎌倉幕府を倒したが、足利尊氏と対立した。湊川の戦いで敗北後は後醍醐天皇の息子らを奉じて北陸を拠点とするが、越前藤島で戦死した。

新田の家紋は丸に引両＝中黒である。もともとは陣幕のデザインであったと言われる。軍旗の流旗は白地中黒。長さ1丈7寸、幅2尺5寸7分。他に白地黒五七桐紋も使用していた。長さ6尺6寸4分、幅1尺3寸3分。横瀬家蔵として、天保13年（1842）屋代弘賢編纂『古今要覧稿』に掲載されている。

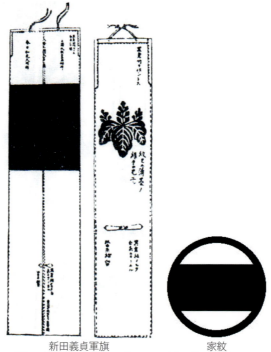

新田義貞軍旗　　　家紋
Nitta Yoshisada war flags and family emblem

（3）菊池武重

　肥後国の武将で元弘3年（1333）父武時と共に挙兵し、鎌倉幕府の鎮西探題である北条英時を攻めたが、敗れて国に逃げ帰った。
　建武2年（1335）後醍醐天皇に反逆した足利尊氏と新田義貞軍に加わって戦うが、敗れて肥後国に再び送り返された。
　軍旗の流旗は白地並び鷹羽、上部に「天満大自在天神」「八幡大菩薩」「阿蘇大明神」の三神号が記されている。縦に2枚並べた鷹の羽の下に割った羽が横たわっている。
　『太平記』に記述があり『集古十種』に掲載されている。

（4）赤松則祐

　鎌倉時代末期から南北朝時代にかけて播磨国、備前国、摂津国の守護。元弘元年（1331）元弘の乱で護良親王に従い、鎌倉幕府と熊野、十津川などを転戦した。
　軍旗の流旗は白地黒一つ引両に「松」文字。上部には「八幡大菩薩」の神号。「八」は向き合う2羽の鳩の形をしている。八幡大菩薩は軍神で鳩はその使者で合戦では吉瑞と考えられていた。長さ7尺、幅1尺3寸8分。『集古十種』には摂津国大阪商家岡野新次蔵旗図として掲載。

（5）足利尊氏（高氏）

　鎌倉幕府を倒した後、高氏から尊氏に改名する。その後、天皇側、護良親王と対立し、南北

朝動乱を経て、暦応元年（1338）武家中心の室町幕府を開いて初代将軍となる。
　足利尊氏軍旗は白地黒二つ引両。上部に軍神である「八幡大菩薩」の神号を記した流旗。源義家の軍旗を継いだ形となり「**武家御旗***」と呼ばれた。家紋は丸に二つ引両。

＊についてはP034参照

菊池武重軍旗　赤松則祐軍旗　足利尊氏軍旗　足利家紋
Kikuchi Takeshige　Akamatsu Norisuke　Ashikaga Takauji　the emblem

(6) 後村上天皇

　在位延元4年（1339）—正平23年（1368）南北朝時代第97代天皇。父後醍醐天皇の遺志を継ぎ、南朝第2代天皇。

　『集古十種』に大和国吉野郡賀名生郷和田村、堀家蔵「後村上天皇所賜御旗図」として白地黒違鷹羽紋に「春日大明神」「天照皇大神宮」「八幡大菩薩」の三神号を記した流旗と白地黒違鷹羽に横筋の一辺に乳を付けて旗竿を挿し込むようにして、横上竿のある珍しい形の幟旗が見られる。また同家には、後醍醐天皇から下賜されたと伝わる白地赤日章の乳付旗が残されている。長さが3尺3寸7分、幅が2尺2寸7分。元文元年（1736）新井白石編纂の『本朝軍器考』で定説とされた、寛政4年（1463）畠山政長が考案したとされる乳付旗以前に、似た形式の旗が存在していたことになる。

　享保12年（1727）日高茂高による『本朝武林原始』には、治承年間（1177-1181）平氏政権時に乳付旗が作られたが、使用頻度は高くなかったという記述がある。したがって、後醍醐天皇の時代に乳付旗白地赤日章が存在しても不思議ではない。そもそもが以前より陣幕を固定するために乳付が使われており、乳付旗の登場は画期的な発明工夫ではなく、軍旗へ応用されたに過ぎない。戦場を移動する前提で作られる軍旗と違って、古くから神社仏閣で使われる旗は、神号や銘文を民に読ませるように長旗であるから、流旗ではその目的を達し得ず、旗竿に固定した幟旗が古くから用いられていたものと考えられる。

　昨年訪問したブータンでは、古来幟旗形式の縦長仏教旗が用いられていた。

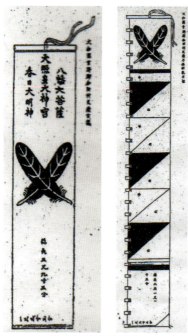

後村上天皇下賜軍旗　　　後醍醐天皇下賜日章旗　　『本朝武林原始』
War flag granted by Emperor Gomurakami
Hinomaru granted by Emperor Godaigo and HonchoBurin Genshi book

平家乳付旗・水島の戦い（1183年）「平家物語絵巻」
Heike red flag attached to a pole used in Mizushima battle in 1183

第Ⅰ部　古代・中世の旗章　Ancient and Medieval Period Flags

治承4年（1180）「源平合戦絵図」 源氏乳付旗白地日章
Genji white flag with red sun attached to a pole used in 1180

神社幟旗
Japanese shrine long banner

伝統的幟旗形式のブータン仏教旗
Bhutanese Buddhist long banner

南北朝時代の錦旗
Imperial Standard with gold brocade in Nanboku-cho Period

「錦の御旗」という名称が明確に登場するのは、公卿勢力の巻き返しを図る後醍醐天皇が鎌倉幕府と戦い、建武の中興をなしとげようとした時で、官軍の大将に「日月を金銀にて打ち付けた錦の御旗」を授けた記述が『太平記』に見られる。元弘元年（1331）京都から逃れ、笠置城に立て籠もり、押し寄せた大軍に錦旗を示したところ、敵は意気阻喪したという。「笠置寺縁起絵巻」に描かれた錦旗は日章月章2旒。

翌年、後醍醐天皇に命じられた楠木正成が、河内国千早城で錦の御旗を揚げたと言う記述が『梅松論』に見られる。

正徳2年（1712）に編纂された『和漢三才図会』に天子旗として載っている日章月章2旒が錦旗のイメージと考えられよう。また、この時の錦旗と称するものが、松平定信編『集古十種』に掲載されている。一部欠失しているが、こちらは金日章と「天照皇太神」の文字、他方に銀月章と「八幡大菩薩」の文字を記した2旒の幟旗と見られる。

また大和十津川で大塔宮護良親王が芋瀬庄子に奪われた日月を金銀で打ち付けた錦の御旗を、後追いしてきた臣下の村上義光が奪還したと言う。錦絵は日章月章を1旒の幟旗で表している。ちなみに十津川の歴史は古く、十津川郷士は古代神武東征を案内したヤタガラスの子孫といわれており、南朝と南朝方の武将を支援して吉野・賀名生の護衛をし、後醍醐、後村上、長慶が住んでいた黒木御所も存在する。幕末期には十津川村は尊皇攘夷派として多くの十津川郷士を京都に送り込み、薩長と共に御所の警備の任にあたっていた。十津川は日本において別格の勤王の土地として十津川郷士と呼ばれ、租税が免除されており、菊花紋章を付けた「十津川御旗」が授けられていた。

「錦旗」（笠置寺縁起絵巻）
Imperial standard in kasagi Temple in 1331

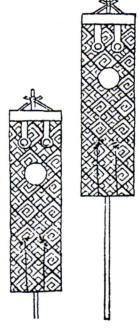

「天子旗」（和漢三才図会）
Imperial standards in 1712

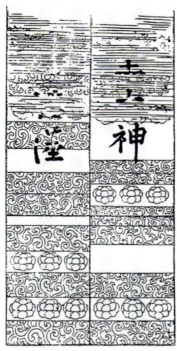

大塔宮錦御旗図（集古十種）
Daitonomiya Imperial standard

大和十津川御旗
Totsukawa Imperial flag

元弘元年十津川郷（村上義光錦旗奪還錦絵）
Imperial standard in Totsukawa in 1331

　建武3年（1336）後醍醐天皇を裏切って挙兵した足利高氏は九州へ逃れた後に京都に攻め上るに際して、朝敵と見られることを恐れ、また、錦旗の威力効果を実感していたので、光厳上皇から院宣を賜り日章に「天照大神」「八幡大菩薩」を金文字で打ち付けた錦の御旗を用いたと『梅松論』に記述が見られる。この北朝側で使われた錦旗と同系のものが、後小松天皇によって細川頼有に下賜された御幡として、熊本大学附属図書館細川家永青文庫に所蔵されている。縦383cm、横78cmで赤地錦の上に金色日章と「天照大神」「八幡大菩薩」の文字を金箔で押したもので、「八」の字が2羽の鳩の形をしている。日章のみの1旒の幟旗である。

南北朝時代には文字入り、文字なしの２種類の錦旗が存在していたと考えられる。
　『祇園執行日記』によると観応元年（1350）高氏側の高師泰が足利直冬の討伐に中国地方に出陣の際に光厳上皇から下賜された錦旗は文字入りと思われる。
　延文4年（1359）南朝護良親王が北朝足利軍小弐頼高と両軍合わせて10万の軍勢で戦った筑後国筑後川合戦では、南朝は文字なしの錦旗が用いられたと伝えられている。こちらは日章月章が１旒の幟旗で描かれている。

錦旗（細川家永青文庫）
Imperial standard
in 1336

筑後川合戦錦旗（久留米市民図書館蔵）
Imperial standard in 1359

　延徳3年（1491）足利義材将軍が近江国の六角高頼討伐に際し、錦の御旗と武家の御旗を用意したと伝えられている。
　錦旗は赤地錦に神号「天照大神」、その上に日章が金箔で付けられていた。日章は天照大神（太陽）の印であると同時に天皇の印でもあった。
　一方の武家の御旗は白地に神号「八幡大菩薩」と黒の二つ引両が書かれていた。二つ引両は足利家家紋、八幡大菩薩は戦いの神で、「八」は２羽の鳩の形でその使者を表していた。妙法院襲蔵『錦旗模本』『武家旗模本』にその規格や制作方法が残されている。

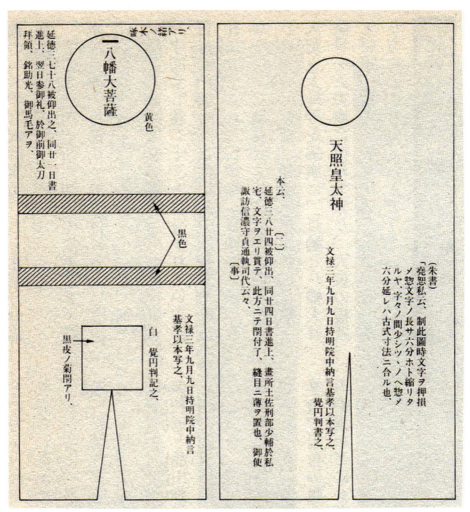

『武家旗模本』『錦旗模本』（妙法院襲蔵）
Samurai flag and Imperial standard

(注*)
村濃：所々に濃い部分を置き、そのまわりを次第に薄くぼかす染め方。
裾濃：旗の下部を紺や黒で濃色に染め分け識別し易くしたもの。
武家御旗：白地黒二引両、上部に軍神である八幡大菩薩の神号を記した足利将軍家の流旗で室町時代には軍勢の大将に授けられた。

第Ⅱ部

「戦国時代及び近世の旗章」

"Sengoku Period / Early Modern Flags"

1. 戦国時代
Sengoku Period

　応仁元年（1467）の応仁の乱から天正元年（1573）、室町幕府が織田信長によって滅ぼされ、さらには徳川家康が幕府を開き、豊臣家を滅ぼした元和元年（1615）までの群雄割拠、各地に戦乱が続いた下剋上の時代には戦国武将が数多く登場し、多くの軍旗が作られた。

　戦い方が一騎打ちから集団戦に変わり、敵味方を識別する、さらに自らの所在と戦功を示す目的で、様々な旗が用いられた時代である。

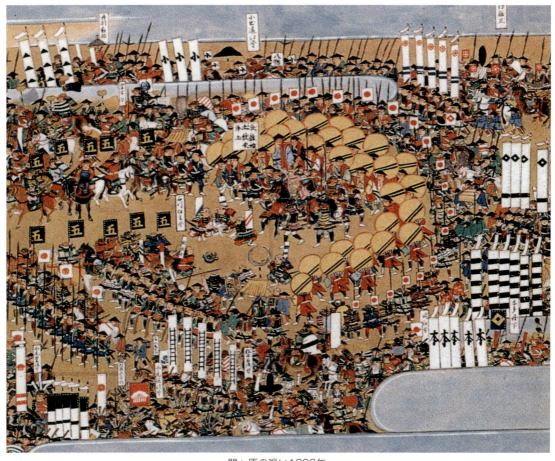

関ヶ原の戦い1600年
Sekigahara battle in 1600

戦国地図

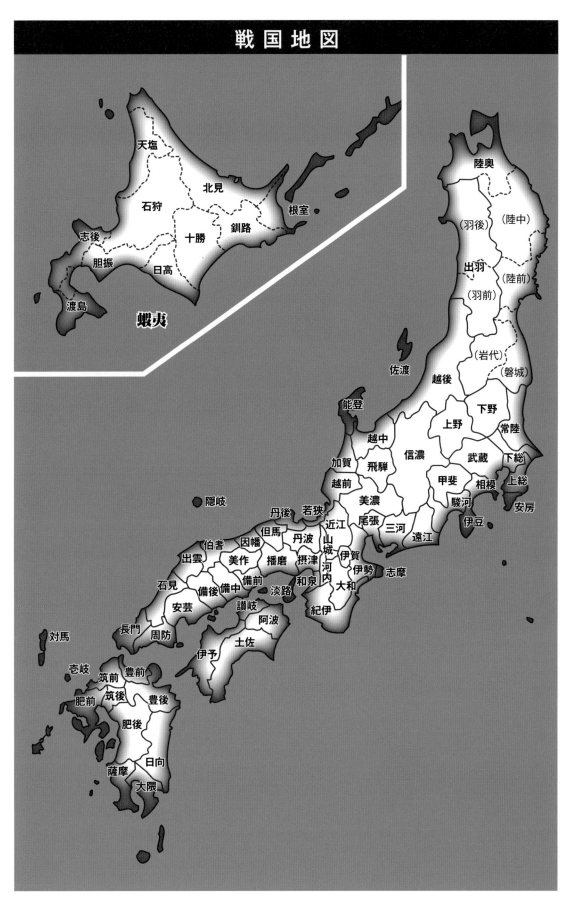

1. 戦国時代　*Sengoku Period*

1 旗印
Hatajirusi war banner

「旗印」は部隊の旗として本陣に立てられた縦に長い旗で「陣旗」とも呼ばれた。戦国時代から江戸時代まで使用され、一般的に大名の旗持ち役は戦闘行為をしない足軽が務めた。旗の形状としては2種類あった。細長い旗布の上部に棒を沿え、その一端を紐で旗竿上部に結んだ「流旗」別名「手長旗」。この形状は源平合戦の頃から登場した軍旗とされる。横に長く風になびき旗のデザインが時に見えにくい流旗に対して、長方形の旗布に「乳」と呼ばれる小型の布や革を複数、規則的に並べて旗竿に通し、旗のデザインが識別できるようにした「幟旗」別名「乳付旗」は、新井白石編纂『本朝軍器考』によると寛政4年（1463）畠山政長、義就の家督をめぐる同族の河内国嶽山城戦いの折、両者が同じ旗では敵味方の区別が難しいので、政長が自軍の流旗に乳を付け、竿を通して立てたものが幟旗の起源とされているが、実際は源平時代に四方ないし四半として絵巻には登場している。また神号、銘文を記した宗教長旗としてはさらに古くから乳付幟旗が用いられていた。

戦国時代から徳川幕府が開かれた江戸時代初期に存在した68国を治めた主要な武将の代表的な旗印を、北から南に列挙し、解説する。

（1）陸奥国：伊達政宗
永禄10年（1567）－寛永13年（1636）

出羽国米沢城主、陸奥国岩出山城主、仙台城主。天正17年（1589）蘆名義広を撃破、奥羽の覇者となる。慶長5年（1600）関ヶ原の戦いでは上杉の白石城を降し、最上家を救済した。慶長18年（1613）支倉常長をローマに派遣した。

徳川家康から後事を託され、江戸幕府草創期に大きな役割を果たした。

旗印は勝色地金の丸、総白の招き。旗の上部に付ける小型の流旗を「**招き***」と呼んだ。「**勝色***」は紺色の別称で政宗はこの旗を朝鮮出兵に際し作成したと伝えられる。

*についてはP106参照

伊達政宗旗印
Date Masamune war banner

（２）支倉常長(はせくらつねなが)
元亀2年（1571）－元和8年（1622）

　伊達家の家臣。慶長18年（1613）政宗の命によりサン・ファン・バウティスタ号で180名からなる慶長遣欧使節団として月ノ浦（現・石巻市）から出航、メキシコ、キューバ、スペイン、ローマと渡り、ローマ教皇に謁見し、8年後に帰国した。航海中、船に掲げられた旗は黄色の枠の付いたオレンジ色の円の中に支倉家紋である「逆卍に違い矢」を黒く描いた白い盾と上部に冠、背後に青いリボンを配したベージュ色の旗と伝えられている。

支倉常長慶長遣欧使節団航海旗
Hasekura Tsunenaga expeditionary ensign

（３）出羽国：秋田俊季(あきたとしすえ)
慶長3年（1598）－慶安2年（1649）

　出羽国の戦国大名である秋田実季の長男。慶長19年（1614）大阪の陣では徳川方として出陣。正保2年（1645）陸奥三春に5万5000石で移封された。

　旗印は赤地黒二筋山道。旗の天地方向に蛇行して引かれた線を「山道*」と呼んでいる。　　＊についてはP106参照

秋田俊季旗印
Akita Toshisue war banner

（4）佐渡国：上杉景勝
弘治元年（1555）－元和9年（1623）

越後国坂戸城主長尾政景の次男。上杉謙信の養子。天正6年（1578）謙信の遺領を継ぎ、越後の大名となる。

天正17年（1589）佐渡に渡り、羽茂本間氏を破り越後・佐渡を支配下に収めた。秀吉に仕え慶長3年（1598）会津120万石に国替え、五大老の一人として活躍したが、関ヶ原の戦い後、出羽米沢に減封となった。

旗印は紺地金の丸大四半。幅と長さを2対3にした縦に長い幟を「**四半**[*]」と呼んだ。　　＊についてはP106参照

上杉景勝旗印
Uesugi Kagekatsu war banner

（5）越後国、越中国、能登国：上杉謙信
享禄3年（1530）－天正6年（1578）

春日山城を根拠地に越後周辺を統治する一方、京都、信濃川、川中島、関東、北陸へと兵を進めた。この間、70余回戦ったと言われる。

刀八毘沙門旗が有名で白地黒「毘」文字大四半。

これは謙信の毘沙門天信仰を象徴するものである。刀八毘沙門は毘沙門天の一種である「兜跋毘沙門天」の変化したもので、「とばつ」を「刀八」の字を当て、8本の刀を持つ毘沙門天像を想定した。先手大将はこの旗を先頭に進発した。

上杉謙信旗印
Uesugi Kenshin war banner

（6）越前国：朝倉義景
天文2年（1533）－天正元年（1573）

　天文17年（1548）家督を相続して越前国第11代当主となる。

　元亀元年（1570）織田・徳川連合軍と朝倉・浅井連合軍は姉川の戦いで激突したが敗れ、足利義昭の調停で和解したが、天正元年（1573）信長は再び浅井・朝倉を攻め、義景は敗れて自害した。

　朝倉の旗印は白地黒三つ盛木瓜に白の招き。

　木瓜紋は藤紋、片喰紋、鷹の羽紋、桐紋と合わせて五大紋と呼ばれる。

　もともとは有職文様であるが、瓜を輪切りにした断面や鳥の巣を図案化したものと言われ、そこから子孫繁栄を祈る家紋とされる。

　「三つ盛*」は同じ木瓜紋を3つ、ピラミッドのように重ねたデザインである。　　　　　　　　　＊についてはP106参照

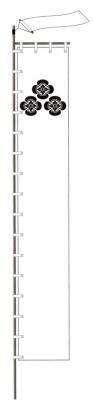

朝倉義景旗印
Asakura Yoshikage war banner

（7）柴田勝家
大永2年（1522）－天正11年（1583）

　織田信長の部下で北陸方面軍司令官。信長の死後、豊臣秀吉との対立が深まり、賤ヶ岳の戦いで敗れ、北庄城で自害した。

　旗印は白地黒二つ雁金に赤の招き。勝家の雁金は上の1羽が口を開いている。自害した際に市の方と連れ立ったが、2羽の雁金はその姿にも見える。

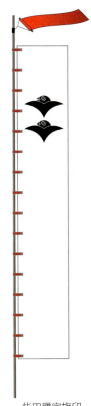

柴田勝家旗印
Shibata Katusie war banner

1. 戦国時代　*Sengoku Period*　　041

（8）加賀国：前田利家
天文6年（1537）－慶長4年（1599）

　信長に高く評価され、少数精鋭の若武者部隊である「赤母衣衆」に筆頭格で抜擢される。利家は多くの戦いに従い、加賀百万石へと登りつめた。秀吉の死後、その遺児秀頼の後見となり「五大老」の一人として徳川家康を牽制した。

　旗印は白地黒加賀梅鉢三つに赤の招き。

　単弁の梅の花を上から見て写実的に図案化した梅花紋に対して**梅鉢紋***は幾何学的に図案化した家紋で、縁籍上も繋がっていた美濃の斉藤氏の紋所で、美濃周辺の天満宮信仰に由来する。

*についてはP106参照

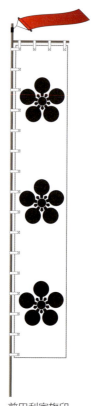

前田利家旗印
Maeda Toshiie war banner

（9）上野国：酒井忠世
元亀3年（1572）－寛永13年（1636）

　江戸初期の大名で、徳川家康に仕えて秀忠の家老となり、元和3年（1617）父の遺領を継いで上野国藩主となり、寛永11年（1634）まで老中を勤め、幕閣の中核となった。

　旗印は白地黒剣片喰に赤の招き。剣片喰紋は五大紋の一つである片喰紋に剣を組み合わせた武将好みの家紋である。一説によると先祖が葵紋を使っていたところ、家康の先祖にあたる松平氏から所望されて葵紋を献上し、代わりに形が似ている片喰紋を賜ったと言われている。

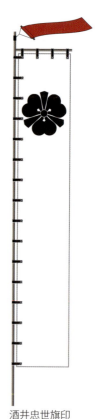

酒井忠世旗印
Sakai Tadayo war banner

(10) 下野国：浅野長重
下天正16年（1588）－寛永9年（1632）

　秀吉、家康に仕えた江戸初期の大名。忠臣蔵で有名な浅野匠頭の曽祖父。関ヶ原の戦いで功を上げ、下野国真岡2万石、後に常陸国真壁藩主となる。

　旗印は黒地白餅五つ。「白餅」とは白い円で反対に黒い円が「黒餅」であるが、両者を共に「**こくもち**^{*}」と呼んだのは「石持ち」、すなわち多くの石高を持つことから、また白は「城持ち」にも通じ、武将にとってめでたい紋であった。

*についてはP106参照

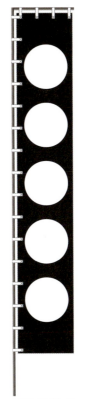

浅野長重旗印
Asano Nagashige war banner

(11) 常陸国：佐竹義宣
元亀元年（1570）－寛永10年（1633）

　天正18年（1590）の小田原城攻撃に参陣し、秀吉から常陸一国と下野国東部所領を安堵された。関ヶ原の戦いでは石田三成との親交から西軍寄りの姿勢を見せたため、慶長7年（1602）に常陸国を没収され、秋田への移封となった。

　旗印は白地赤扇に白丸。扇は5本骨、円形で月を表す。源頼朝が佐竹家の先祖、秀義の旗が自分と同じ白旗であるのを嫌って、手にしていた扇を与えて旗に印として付けるように命じたと伝えられている。佐竹扇は「日の丸扇」と思われがちであるが、佐竹の場合は月を描いている。近世までは太陽も月も円で示すのが一般的で、太陽は赤、月は銀や白で表現されていた。

佐竹善宣旗印
Satake Yoshinobu war banner

1. 戦国時代　*Sengoku Period*

(12) 武蔵国：徳川家康
天文11年（1542）－元和2年（1616）

　6歳で今川義元の人質となった。天禄3年（1560）の桶狭間の戦いの後、織田信長と同盟を結び、武田氏を滅ぼした。本能寺で信長が死ぬと三河国、遠江国、駿河国、甲斐国、信濃国を領有し、五大老の一人となるが、関ヶ原の戦いで豊臣方を打ち負かし、江戸幕府を開き、将軍となる。慶長8年（1615）の大阪冬の陣、夏の陣に勝利し、天下統一を果たした。

　旗印は白地黒葵紋三つに白の招き。京都上賀茂神社の神紋として使用されてきた神聖な植物とみなされる葵紋を家康が家紋にしたのは、新田源氏の流れを汲む上賀茂神社の氏子として武家源流の威厳を証したかったからだと言われている。家康が使用し始めてから葵紋は厳重に使用が制限されるようになった。家康は「葵紋の旗」を小牧・長久手の合戦頃まで使用し、その後は総白すなわち白地無紋の旗に変更した。源氏の総領で武家の頂点に立った源頼朝の無紋の白旗にならったものと考えられる。

徳川家康白地無紋旗印　徳川家康旗印
Tokugawa Ieyasu　　Tokugawa Ieyasu
white plain war banner　war banner

(13) 下総国：結城秀康
天正2年（1574）－慶長12年（1607）

　徳川家康の次男。天正18年（1590）下総国の結城晴朝の養子に出され、10万1000石の大名となった。関ヶ原の戦いでは上方に戻った家康に代わって上杉の備えとして残り、戦後の論功行賞で越前68万石を与えられ、北庄城に入った。

　旗印は白地赤日の丸。幕末の福井藩主松平春岳の著した『真雪草子』によると、白地日の丸が結城家の旗印であり、先祖以来の船印にも用いたと記されている。赤や金の丸は「日の丸*」と呼ばれ、多くの武将大名によって使用された。

*についてはP106参照

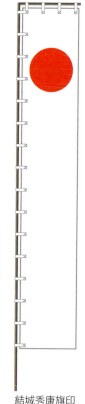

結城秀康旗印
Yuki Hideyasu war banner

（14）上総国：本多忠勝
天文17年（1548）－慶長15年（1610）

　徳川四天王の一人で桶狭間の戦い以降、家康に従軍し、旗本先手役として50余度の戦いに出陣。天正18年（1590）の家康の関東移封時に上総国大多喜城10万石を与えられている。慶長5年（1600）の関ヶ原の戦いで功を上げ、伊勢国桑名城10万石となった。

　旗印は白地胴黒に黒の武将頭文字である「本」文字。「胴黒*」とは旗を3等分した真ん中を黒に染め分けたもの。遠目にも所属部隊が分かりやすく、軍旗としては優れたデザインと言えよう。　　　　*についてはP106参照

本多忠勝旗印
Honda Tadakatsu war banner

（15）安房国：里見義豊
？－天文3年（1534）

　大永6年（1526）に足利義明の命により武蔵国品川を攻めている。天文2年（1533）叔父里見実堯を安房国稲村城で殺害し、安房国を統治する。翌年、安房国犬掛の合戦において実堯の子義堯に敗れて死亡。旗印は文献がなく不詳であるが、家紋は丸に二つ引両を使っていた。

里見義豊家紋
Satomi Yoshitoyo family emblem

1. 戦国時代　Sengoku Period　045

(16) 相模国：北条 氏康
永正12年（1515）－元亀2年（1571）

　天正10年（1541）父の死により家督を継ぎ、相模国小田原城主となる。関東全域に版図を拡大した後北条氏の3代目。武田信玄、上杉謙信、今川義元らと戦いながら勝ち進めた優れた武将。

　旗印は**五色段々**[*]。旗は上から黄青赤白黒に染め分けたもの。領内の重要な城に五色の色を分け与え「五色備」と呼ばれる師団を形成していた。五色は中国の五行思想に基づいたものであることは明らかで、それぞれの色が城の位置を明示している。

*についてはP106参照

北条氏康旗印
Hojyo Ujiyasu war banner

(17) 伊豆国：北条 早雲
永享4年（1432）－永正16年（1519）

　北条を名乗ったのは、かつて鎌倉幕府の執権を務めた北条氏にあやかったからで血縁関係はなく、室町幕府の幕臣伊勢氏の一族と見られている。早雲に始まる北条氏を後北条氏と呼び、区別する。明応2年（1493）伊豆南部の経略を遂げて伊豆一国を領し、戦国大名となる。永正13年（1516）三浦氏を滅ぼし、相模一国を領有し、さらに武蔵国にも進出し、後北条家5代100年の基礎を築いた。

　旗印は赤地金北条鱗の流旗。三つ鱗も鎌倉時代の北条氏の家紋で、これを受け継いだことになる。前北条氏の時政が江ノ島弁財天に祈願した折に現れた大蛇（龍）が落とした鱗にちなむと伝えられる。

北条早雲旗印
Hojyo Soun war banner

(18) 甲斐国：武田信玄
大永元年（1521）－天正元年（1573）

武田は甲斐源氏と呼ばれる源氏一門で甲斐国を統一し、隣国信濃国に侵攻、その過程で越後国の上杉謙信とは5度にわたり川中島で戦った。後に京都に進出を企てて家康を打ち破ったが、病死した。

旗印は黒地赤日の丸、一引に武田割菱紋に白の招き。「一引*」とは旗の中央に引いた横筋のこと。「武田割菱」とは4個の菱形を菱形に組み合わせた紋。

＊についてはP106参照

武田信玄旗印
Takeda Shingen war banner

(19) 落合道久
？－寛永7年（1630）

武田勝頼の家臣。天正3年（1575）の徳川・織田連合軍との長篠の戦いで徳川方の奥平信昌が武田軍を相手に篭城。足軽の鳥居強右衛門が敵軍の重囲をくぐって援軍を要請したが、帰途捕らえられ、見せしめに磔となった。磔刑を仕切った道久はその忠誠心に打たれ、強右衛門の最後の姿を指物に使ったと伝えられている。逆さ磔説もあるが、敵方からは頭が見えず、見せしめにはなりにくいので信憑性に欠ける。

落合道久指物
Ochiai Michihisa flag

1. 戦国時代　Sengoku Period　047

（20）信濃国：真田信繁
永禄10年（1567）－元和元年（1615）

　幸村の名で有名な豊臣方の知将。関ヶ原の戦いでは石田勢につき、徳川秀忠と対戦。敗戦後、高野山九度山に蟄居を命じられる。

　慶長19年（1614）の大阪冬の陣で奮戦、翌年の夏の陣で茶臼山で戦死した。

　旗印は赤地白真田六連銭裾白の旗。六連銭は納棺の際に棺に入れる三途の川の渡り賃で、「死の覚悟はできている」という意味から戦国武将にふさわしい紋と言えよう。「裾白*」とは旗の下部を白く染め分けているもの。

*についてはP106参照

真田信繁旗印
Sanada Nobushige war banner

（21）飛騨国：金森長近
大永5年（1525）－慶長13年（1608）

　美濃の出身で信長に仕え、長篠の戦いでは徳川四天王の一人酒井忠次と共に武田を攻めた。越前一向一揆を殲滅後、飛騨に侵略し、三木氏を滅ぼし、飛騨一国を拝領した。

　旗印については文献もなく不詳であるが、家紋には裏梅鉢紋を用いた。

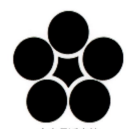

金森長近家紋
Kanamori Nagachika family emblem

(22) 駿河国：今川義元
永世16年（1519）－永禄3年（1560）

　駿河国、遠江国、三河国を支配した大名。天文23年（1554）北条、武田、今川の三者同盟を結び、最盛期を迎えたが、永禄3年（1560）尾張国桶狭間で織田信長の奇襲を受けて討死。

　旗印は白地黒二つ引両と五三の桐の流れ旗。

　今川は足利一門の中で特別な一族として足利氏同様に二引両と桐紋を使っていた。

今川義元旗印
Imagawa Yoshimoto war banner

(23) 遠江国：井伊直政
永禄4年（1561）－慶長7年（1602）

　徳川四天王の一人。初陣は天正4年（1576）武田勝頼と遠江国芝原で戦った。慶長5年（1600）関ヶ原の戦いでは島津豊久を討ち取り、毛利輝元との講和や山内一豊の土佐入国を支援するなどの功により、近江国佐和山城18万石を与えられた。

　旗印は総赤に「八幡大菩薩」の招き。

　武田軍団山形昌景隊の赤備えを引き継ぎ、総赤の旗印や指物、甲冑で戦場を埋め尽くした。

井伊直政旗印
Ii Naomasa war banner

1. 戦国時代　*Sengoku Period*　049

(24) 三河国：榊原康政

天文17年（1548）－慶長11年（1606）

　徳川四天王の一人で永禄6年（1563）三河国一向一揆との戦いで初陣し、戦功で家康から「康」の一字を与えられた。姉川の戦い、長篠の戦い、小牧・長久手の戦いを経て、上野国館林藩10万石の初代藩主となった。

　旗印は白地黒榊原源氏車に赤の招き。榊原源氏車は公家の乗る牛車の車輪をかたどった車輪紋で御所車紋とも呼ばれる。伊勢神宮の外宮の紋でもあり、神官を務めていた榊原氏が用いていたという記録がある。通常の源氏車紋と違い、車輪の側面に見える六角形の筋の形や軸の本数に特徴がある。

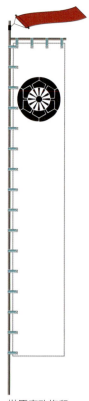

榊原康政旗印
Sakakibara Yasumasa war banner

(25) 美濃国：斉藤道三

明応3年（1494）－弘治2年（1556）

　美濃国稲葉山城主。天文21年（1552）大桑城の土岐頼芸を国外へ追放して美濃国を手に入れた。巧みな政治手腕としたたかさから「美濃のマムシ」と呼ばれた。道三は尾張国の織田、近江国の浅井、飛騨国の三木と閨閥関係を結び、軍事力による対外膨張政策は採らなかったが、弘治2年（1556）長子義龍と戦い敗死した。

　旗印は白地黒二頭立波。二頭立波紋は道三自身が考案し、潮の満ち干きを戦いの駆け引きに例えたものだと伝わっている。

斉藤道三旗印
Saito Dosan war banner

(26) 尾張国：織田信長
天文3年（1534）－天正10年（1582）

　天文15年（1546）三河国大浜城攻めで初陣。天文21年（1552）織田家の家督を継ぎ、尾張国の統一に尽力。永禄3年（1560）桶狭間の戦いで今川義元を破り、元亀2年（1571）延暦寺を焼き討ち、足利義昭を追放し、天正3年（1575）長篠の戦いで武田勝頼を破ったが、天正10年（1582）京都本能寺で明智光秀の急襲を受けて自刃した。

　旗印は黄地黒永楽銭三つ、黄色の招きに「南無妙法蓮華経」の題目。『信長記』『寛政重修諸家譜』には、信長が旗紋として永楽銭を使い、諸将に永楽銭を授けたという記録が残っている。

　永楽通宝は明の永楽帝の時代の通貨で、足利以降日本でも通用していた。物流の機軸であるこの通貨を旗印に用いたことは、楽市楽座の施行、物流拠点としての堺の形成など。経済を重視した信長の考えが表れているように思える。

織田信長旗印
Oda Nobunaga war banner

(27) 豊臣秀吉
天文5年（1536）－慶長3年（1598）

　尾張国中村出身。織田信長に仕え、戦功を上げて羽柴氏を名乗った。

　本能寺の変後、明智光秀を破り、北陸の柴田勝家を滅ぼして信長の後継者となる。四国、九州、小田原を平定して天下統一を果たした。朝鮮出兵して破れ、慶長3年（1598）死去。

　旗印は総金の切裂に白の招き。「**切裂**[*]」とは風でひらめくように幟旗のフライを何箇所も切り込んだもの。秀吉が金色を多く用いた理由として、織田家重臣の馬印（大将の馬前・馬側に立てる標識）が金色で統一されていたことと、信長の後継者を意識した秀吉が天下人の象徴と捉えていたと考えられる。

　　　　　　　　　　　*についてはP106参照

豊臣秀吉旗印
Toyotomi Hideyoshi war banner

(28) 近江国：石田三成
永禄3年（1560）－慶長5年（1600）

　秀吉の下で五奉行の一人となり、財政面、太閤検地などで活躍。

　文禄4年（1595）近江国佐和山城主19万4千石となる。

　関ヶ原の戦いで家康率いる東軍に破れ、慶長5年（1600）斬首された。

　旗印は白地黒「大一大万大吉」紋。

　家紋「大一大万大吉」は一も万も吉もすべてめでたい字、それらすべてに「大」を加えて縁起の良さを増幅させた吉祥紋。源平合戦の頃に石田為久という武将が用いたと『鎌倉武鑑』に記録されている。

石田三成旗印
Ishida Mitsunari war banner

(29) 藤堂高虎
弘治2年（1556）－寛永7年（1630）

　近江国藤堂村出身。浅井氏の下姉川の戦いで武功を上げ、後に秀吉に仕え、多くの合戦を経て宇和島城主7万石を領した。関ヶ原の戦いでは徳川方に属し、戦後伊予国今治城主20万石を与えられる。

　旗印は紺地白餅三つ。

　「諸将旗将旌図」「御馬印」ほか多くの画像史料に、高虎の石餅の旗が記録されている。

藤堂高虎旗印
Todo Takatora war banner

(30) 伊賀国、大和国：筒井順慶
天文18年（1549）－天正12年（1584）

　大和国郡山城主。天正4年（1576）織田信長から大和国を与えられ、同8年（1580）郡山に城を構えて大和一国を支配した。同10年（1582）山崎の戦いでは明智光秀に背き、洞ヶ峠から兵を進めず、日和見と言われながらも、秀吉に従い、領国を安堵されたが36歳の若さで病死した。

　筒井順慶の領国大和国は天神信仰の盛んな土地で、家紋も菅原道真縁の「梅鉢紋」であった。

　旗印は白地黒「春日大明神」の旗。春日大明神は神護景雲2年（768）に創設された奈良県の春日大社の藤原氏の祭神。大明神は一人ではなく、①武甕槌命藤原氏守護神（常陸国鹿島の神）②経津主命同上（下総国香取の神）③天児屋根命藤原氏の祖神（河内国平岡の神）④比売神天児屋根命の妻（同上）の4人が祀られている。

(31) 伊勢国：古田重勝
永禄3年（1560）－慶長11年（1606）

　秀吉に仕え、九州、小田原の役に参戦。朝鮮出兵に加わり、伊勢国松坂城5万5千石城主となった。

　旗印は紺地白抜き丸の内に三つ引両三段。「**丸の内に三つ引両**[*]」は丸い輪の中に3本の引両を描いたもの。

　引両紋[*]は、源平時代からある古い紋で武家に使われ、源氏、足利氏を出自とする一族に多い。鎌倉時代初期には源氏の一門である新田氏、足利氏が将軍家の白い陣幕に遠慮して、自らの陣幕に1本線あるいは2本線を引いた。それらが新田氏の「一つ引両」、足利氏の「二つ引両」紋に変化していった。「三つ引両」紋を最初に使ったのは源頼朝を援け、鎌倉幕府初期の重鎮であった相模国の三浦氏だと言われている。三浦氏の陣幕と軍旗は頭文字「三」を表現するために、**黄紫紅**[*]の3色に染め分けられたもので、後に「三つ引両」紋に転じたと伝えられている。

＊についてはP106参照

筒井順慶印
Tsutsui Jyunkei war banner

古田重勝旗印
Furuta Shigekatsu war banner

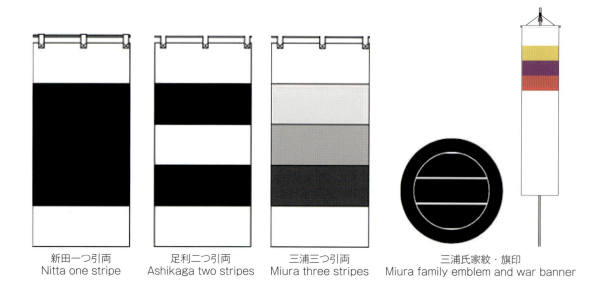

新田一つ引両	足利二つ引両	三浦三つ引両	三浦氏家紋・旗印
Nitta one stripe	Ashikaga two stripes	Miura three stripes	Miura family emblem and war banner

(32) 志摩国：九鬼守隆
天正元年（1573）－寛永9年（1632）

　慶長2年（1597）家督を継ぎ、志摩国鳥羽城3万石城主となった。九鬼氏は操船術に長けた海の一族で、父嘉隆は信長によって水軍の将に抜擢され、瀬戸内海で毛利水軍を撃破した。関ヶ原の戦いでは父嘉隆と反対に東軍に属し、親子で対決した。

　旗印は上赤下紺二段染め分けに白の七曜紋。

　「七曜*」は七星で海上で羅針盤の代わりを果たした北斗七星。海の一族として不慮の災害から逃れられると言われた七曜紋を旗紋に使った。　　＊についてはP106参照

九鬼守隆旗印
Kuki Moritaka war banner

(33) 紀伊国：浅野幸長
天正4年（1576）－慶長18年（1613）

　秀吉の命による朝鮮出兵で戦功を上げ、加藤清正らと石田三成に反発する「七人衆」と呼ばれた。関ヶ原の戦いでは東軍に属し、戦後紀伊国37万石を与えられた。

　旗印は白地黒三つ引両。旗地全体を等間隔に区切り、互い違いに色を変えた「**段々**[*]」に対し、幸長の旗のように旗地を2本または3本の帯で区切った旗を「**引両旗**[*]」と呼ぶ。家紋である「丸に三つ引両」を生かした旗の意匠である。

*についてはP106参照

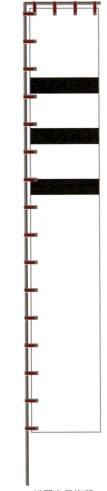

浅野幸長旗印
Asano Yoshinaga war banner

(34) 和泉国、河内国：三好長慶
大永2年（1522）－永禄7年（1564）

　三好長慶は織田信長が上洛する以前は京洛の覇者であった。

　永禄元年（1558）足利義輝、細川晴元が京都へ来襲してきたが長慶はこれを鎮圧。翌年には播磨攻め、河内国制圧など外征も積極的に行い、最大版図は畿内と瀬戸内海沿岸東半分までに及んだ。

　旗印は文献にもなく不詳であるが、家紋は「三階菱に釘抜」で三階菱は三好家の本流である小笠原家の紋、釘抜は阿波地方に多く見られた紋で、出自の紋と出身地の紋を組み合わせたものと考えられる。

三好長慶家紋
Miyoshi Nagayoshi family emblem

(35) 山城国：足利義昭
天文6年（1537）－慶長2年（1597）

室町幕府第15代将軍。永禄10年（1567）信長に奉じられて入洛、将軍職について幕府再興を果たした。後に信長と対立し、武田氏、浅井氏、朝倉氏、本願寺顕如らと信長包囲網を企てたが、敗れて降伏し、室町幕府は滅亡した。秀吉の下、1万石を与えられ山城国槇島に住んだ。

旗印は「白帛引両御旗」即ち白地黒二つ引両に黒字「八幡大菩薩」。足利家の家紋は武家紋のルーツとも言える二つ引両で、2段目と4段目を黒く染めた戦場に張る陣幕に由来する。武家御旗＝幕府の旗として使われた。

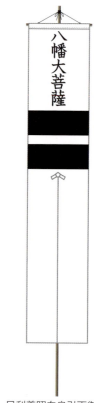

足利義昭白帛引両御旗
Ashikaga Yoshiaki war banner

(36) 細川忠興
永禄6年（1563）－生保2年（1645）

山城国生まれ。文武兼備の名将として知られ、忠興には兜、旗印を自身で創作する技量があったと言われる。秀吉に仕え、その死後は家康につき、関ヶ原の戦いでは東軍に属し、戦功により豊前中津39万石を与えられた。

旗印は白地黒九曜紋。九曜は九星を表す。当時星は★ではなく●を充てた。九曜は占いに用いられ、日時方角の吉凶をもとに運命を占ったもので、妙見信仰との繋がりがある。

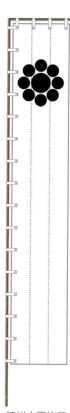

細川忠興旗印
Hosokawa Tadaoki war banner

(37) 摂津国：青木一重
天文20年（1551）－寛永5年（1628）

　家康に仕え、元亀元年（1570）姉川の戦いで朝倉方の勇将である真柄隆基（十郎）を討ち勇名を馳せた。その後秀吉に仕え、摂津国豊島ほかに1万石を与えられた。大阪夏の陣では秀頼の使者となり、大阪城落城後出家した。

　旗印は紺地黄富士山と御神火に水色の招き。

　一重は家紋の「富士山に霞」から冨士を採り、その頂上に御神火を描き、戦における神の加護を祈ったと見られる。

青木一重旗印
Aoki Kazushige war banner

青木一重家紋
Aoki Kazushige family emblem

(38) 丹波国：明智光秀
享禄元年？（1528？）－天正10年（1582）

　永禄11年（1568）信長の家臣となる。京都・畿内に通じた勇敢な武将であり、有能な行政家で畿内方面軍司令官の地位を極めた。天正10年（1582）本能寺の変で信長を討ったが、秀吉に反撃され、山崎の戦いに敗れて土民に殺害された。

　旗印は水色地白桔梗紋。

　光秀の家紋「水色桔梗」は日本では珍しく、紋自体に特定の色が指定された色彩紋であったと言われる。

明智光秀旗印
Akechi Mitsuhide war banner

1. 戦国時代　*Sengoku Period*

(39) 若狭国：京極忠高
文禄2年（1593）－寛永14年（1637）

　慶長14年（1609）父の遺領である若狭国小浜と近江国高島9万石を継いだ。大阪冬、夏の陣は徳川方に属し、寛永元年（1624）越前国敦賀2万石を加増、さらに出雲国、隠岐国に26万石を与えられた。

　旗印は赤地白抜き平四つ目結。「目結*」とは染色の際に穴を開けて作った布地文様で大小の正方形を組み合わせた形で表される。平安末期に近江源氏の佐々木氏の紋として記録されている武家紋である。

*についてはP106参照

京極忠高旗印
Kyogoku Tadataka war banner

(40) 丹後国：京極高知
元亀3年（1572）－元和8年（1622）

　秀吉に仕え、慶長4年（1599）信濃国飯田城10万石城主となる。後に家康に仕え、関ヶ原の戦いで戦功を上げ、丹後国12万石を与えられた。熱心な切支丹として知られている。

　旗印は黒地白抜き一つ目結。目結紋は四角の中に小さな四角のある「一つ目結」が基本形だが、高知はこれを使った。

京極高知旗印
Kyogoku Takatomo war banner

（41）隠岐国、備後国：尼子経久
長禄2年（1458）－天文10年（1541）

尼子経久は山陰の雄として名を馳せ、毛利氏、大内氏らと中国地方の覇権を争った出雲国の武将で、一時は隠岐国、備後国、安芸国など六国を領したが、尼後家は毛利氏との戦いに破れて滅亡した。

旗印は文献が残っておらず不詳。家紋は近江国京極氏の流れを汲むため、平四つ目結を用いたと伝えられる。

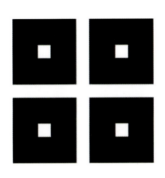

尼子経久家紋・旗印想像復元図
Amago Tsunehisa family emblem and imaginary restored war banner

（42）但馬国：浅野長晟
天正14年（1586）－寛永9年（1632）

江戸時代初期の大名。備中国足守藩主、紀伊国和歌山藩第2代藩主、安芸国広島藩の初代藩主、但馬守。秀吉に仕えた後、関ヶ原の戦いの後は家康に仕え、慶長15年（1610）備中足守2万4千石を与えられた。慶長18年（1613）兄幸長の死により紀伊国和歌山37万石を継ぎ、後に安芸国広島43万石に移封。

旗印は白地黒二つ引両に黒熊の出し。「出し*」は旗の上部に付けた旗形式以外の飾り物。浅野家の家紋は丸に三つ引両であるが、兄の幸長が白地に黒の三つ引両を旗印としており、長晟は重複を避け二つ引両にした。

＊についてはP106参照

浅野長晟旗印
Asano Nagaakira war banner

1. 戦国時代　Sengoku Period　059

(43) 因幡国：亀井茲政
元和3年（1617）－延宝8年（1681）

　元和3年（1617）亀井政矩の次男として因幡国鹿野で生まれる。元和5年（1619）父の遺領を継ぎ、石見国津和野藩主となる。寛永14年（1637）京極忠高の死により松江城、慶安元年（1648）古田重恒の死により浜田城を警備した。

　旗印は紺地白餅九つ。白餅九つは九曜（九星）を長く縦にのばしたという意味で「**長九曜**[*]」と呼ばれた。

　　　　　　　　　　　　　　　＊についてはP106参照

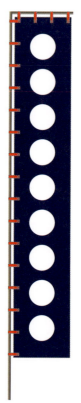

亀井慈政旗印
Kamei Koremasa war banner

(44) 播磨国：黒田孝高
天文15年（1546）－慶長9年（1604）

　通称「黒田官兵衛」。播磨国小寺氏の一族で姫路城を預かった切支丹大名。秀吉に軍師として仕え、毛利攻め、四国・九州征伐で戦功を上げ、豊前国中津城12万石を与えられた。関ヶ原の戦いでは東軍に属し、九州の反徳川勢力を一掃した。

　旗印は黒地中白。「**中白**[*]」は横三分割旗の真ん中の帯が白い旗を言う。　　　＊についてはP106参照

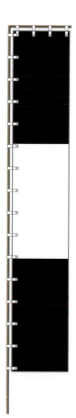

黒田孝高旗印
Kuroda Yoshitaka war banner

(45) 淡路国：千石秀久
天文21年（1552）－慶長19年（1614）

　秀吉に仕え元亀元年（1570）姉川の戦いで功を上げ、近江国野洲で1千石を与えられた。天正9年（1581）淡路国に駐屯。賤ヶ岳の戦い後、淡路国洲本城主となる。天正13年（1585）四国攻めに参戦、戦功で讃岐国高松城主となる。併せて淡路国の支配も続けた。

　旗印は白地裾筋違黒染分け黒永楽銭と白の招き。

　千石家の家紋「永楽銭」は信長が掲げた軍旗の旗紋を家紋に授かったもの。

千石秀久旗印
Sengoku Hidehisa war banner

(46) 讃岐国：生駒一正
弘治元年（1555）－慶長15年（1610）

　信長の後秀吉に仕え、朝鮮出兵にも参陣。関ヶ原の戦いでは父親正と別れ、東軍に属し軍功を上げた。慶長6年（1601）讃岐国丸亀城主17万石、同7年（1602）父の遺領を継ぎ、讃岐国高松城主となった。

　旗印は黒地白波切車に黒の招き。

　生駒家の家紋は源氏車の半分の形で「片輪車」と呼ばれたが、縁起が悪いため「波切車」「生駒車」と後に改称された。

生駒一正旗印
Ikoma Kazumasa war banner

1. 戦国時代　Sengoku Period　061

(47) 阿波国:蜂須賀至鎮
天正14年（1586）－元和6年（1620）

秀吉に仕える。慶長5年（1600）関ヶ原の戦いでは東軍に属し、同年17万6千石の阿波国徳島城主となる。大阪夏の陣の功により淡路国を加増され、合わせて25万7千石を領した。

旗印は白地裾筋違黒染分け黒の卍、白の招き。

丸に卍を家紋としたが、卍は世界中に存在する文様で生命を象徴する印、仏教ではめでたい幸福の印と言われる。

蜂須賀至鎮旗印
Hachisuka Yoshishige war banner

(48) 土佐国:長宗我部盛親
天正3年（1575）－元和元年（1615）

慶長4年（1599）父の遺領を継ぎ、土佐国浦戸22万石城主となる。関ヶ原の戦いでは西軍に属したが、豊臣方の敗色を見て戦わずに帰国し、家康に詫びたが、領国を没収された。大阪夏の陣で再び豊臣方に属したが、捕らえられ斬首された。

旗印は黄地黒餅三つに赤熊の出し。**赤熊**[*]は「しゃぐま」と読み、輸入したヤクの毛から作られていた。白いものは**白熊**[*]で「はぐま」、黒いものは**黒熊**[*]で「こぐま」と読む。

＊についてはP106参照

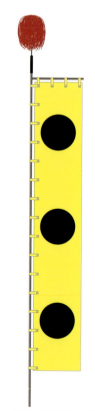

長宗我部盛親旗印
Chosokabe Morichika war banner

(49) 山内一豊
天文15年（1546）－慶長10年（1605）

　秀吉に仕え、天正13年（1585）若狭国高浜城2万石、同年近江国長浜2万石の城主となる。関ヶ原の戦いでは東軍に属し、戦功を上げ、家康から土佐国高知城主として20万石を与えられた。

　旗印は黒地中白土佐柏紋。

　山内家の家紋は「丸に土佐柏」で通常の三つ柏紋に比べると葉が細いのが特徴。先祖が合戦の際に指物として使った柏の枝が、激戦の後には葉を3枚残すのみで、その葉のように残り続けたいという願いから定めた家紋であると伝えられる。

山内一豊旗印
Yamanouchi Kazutoyo war banner

(50) 伊予国：福島正則
永禄4年（1561）－寛永元年（1624）

　幼き頃から秀吉に仕え、天正15年（1587）九州遠征の功により伊予国湯築城主となり、11万3千石を与えられた。関ヶ原の戦いでは東軍に属し、戦功を上げ、安芸国と備後国の一部を合わせた49万石を得て、広島城主となった。しかし元和5年（1619）広島城の無断改築を咎められ、信濃国川中島4万5千石に減封、不遇の死を遂げた。

　旗印は黒地白二筋山道、赤地白一筋の招き。「山道」は旗の天地方向に蛇行して引かれた線を意味する。

福島正則旗印
Fukushima Masanori war banner

1. 戦国時代　*Sengoku Period*　063

(51) 村上武吉
天文2年（1533）－慶長9年（1604）

　村上水軍の武将で伊予国能島城主。水軍をもって毛利輝元に仕え、天正10年（1582）毛利氏から離反した来島通総と戦って、これを破り、その所領を獲得した。秀吉の四国平定以後は小早川隆景に属し、筑前に移った。

　旗印は赤地白二つ引両と丸に「上」文字。

　「上」文字は武吉時代に用いられた能島村上氏の海上通交証である過所旗に残る旗紋。

村上武吉旗印
Murakami Takeyoshi war banner

(52) 伯耆国：毛利輝元
天文22年（1553）－寛永2年（1625）

　毛利元就の孫。天正12年（1582）輝元は信長と戦い、秀吉とも対戦したが、本能寺の変以降は秀吉に仕えた。天正19年（1589）秀吉から中国九国120万石を与えられた。関ヶ原の戦いでは西軍に属したため、周防国、長門国の二国に減封された。

　旗印は赤地白一文字三つ星の流旗。「流旗*」とは旗の上部のみに竿を通し、下部は固定しない体裁の旗を呼ぶ。毛利家の家紋は「長門三つ星」と呼ばれ、「将軍星」と呼ばれる三星紋の上部に一文字を組み合わせたもの。

＊についてはP106参照

毛利輝元旗印
Mouri Terumoto war banner

(53) 美作国：森忠政
元亀元年（1570）－寛永11年（1634）

　森長定（森蘭丸）の実弟。秀吉に仕えて美濃国金山7万石を領した。後に家康に仕え、関ヶ原の戦いで戦功を上げ、美作国津山18万6千石に加増された。
　旗印は白地黒筆十字。
　森家の家紋は丸に筆文字の十字。その丸を取って旗紋とした。

森忠政旗印
Mori Tadamasa war banner

(54) 備前国：宇喜多秀家
元亀3年（1573）－明暦元年（1655）

　秀吉に仕え、備中国高松城攻めに参陣、戦後備中国半国の領有を認められた。後、備前国、美作国、播磨国の一部も所領に加わる。
　秀吉の朝鮮出兵にも加わり、慶長3年（1598）には五大老の一人となった。関ヶ原の戦いでは西軍に属し敗北。家康により八丈島へ流された。
　旗印は紺地白「兒」文字。
　旗紋として有名なものが「兒」文字で、宇喜多氏は備前国児島を拠点にした三宅氏一族であったため、この文字を用いたと伝えられる。

宇喜多秀家旗印
Ukita Hideie war banner

1. 戦国時代　*Sengoku Period*　065

(55) 池田光政
慶長14年（1609）－天和2年（1682）

元和2年（1616）父の遺領を継ぎ、42万石の播磨国姫路城主となる。翌年、幼少を理由に32万5千石の因幡国鳥取城主に減封となる。寛永5年(1632)31万石岡山城主に移封。名君の誉れ高く、民生に尽力し、質素を旨とする備前風を広めた。

旗印は黒白段々白揚羽蝶紋と黒白段々の招き。

池田家の家紋「揚羽蝶」は桓武平氏の代表紋で備前岡山藩の池田信輝が織田信長の相手として出入りしているうちに、父である織田信秀に気に入られ、蝶紋を授かったと伝えられる。

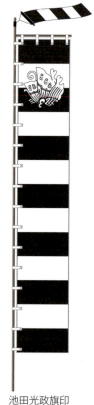

池田光政旗印
Ikeda Mitsumasa war banner

(56) 備中国：伊東長実
永禄3年（1560）－寛永6年（1629）

秀吉に仕え、小田原攻めに参陣し、その功により備中国川辺に1万3百石を与えられる。関ヶ原の戦いでは東軍と通じたが、大阪の陣では西軍に属した。戦後、高野山に逃れたが、家康に赦され備中国岡田に1万石を与えられた。

旗印は黒地白九曜紋。

九曜紋は中世に流行った妙見信仰からきたもので、千葉氏の代表紋として知られる。伊東氏の家伝によると伊東祐時の母が千葉常胤の娘であったことから、源頼朝の声がかりで「九曜紋」を授かったと言う。

伊東長実旗印
Ito Nagazane war banner

(57) 出雲国：毛利元就
明応6年（1497）－元亀2年（1571）

　大永3年（1523）安芸国吉田庄を拠点とする毛利家の家督を継ぎ、吉田郡山城主となる。その後、尼子義久、陶晴賢、大内義長を倒し、中国地方十国を領する大大名となった。

　旗印は白地黒一文字長門三つ星に「真理支天」名号の流旗。

　家紋の一は「カツ」と読み、三つ星は「将軍星」と呼ばれる戦場にふさわしい紋であった。「真理支天」は軍神として知られ、武家の間で広く信仰されていた。

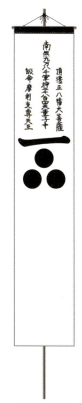

毛利元就旗印
Mouri Motonari war banner

(58) 石見国、周防国：大内義隆
永世4年（1507）－天文20年（1551）

　享禄元年（1528）父の遺領を継ぎ、石見国、周防国、長門国、豊前国、筑前国の守護を務めた。天文9年（1541）友田氏、武田氏を滅ぼし、安芸国を支配。天文20年（1551）陶晴（隆尊）の軍勢に追われて自害。義隆は学問、芸能にも秀でた武将であった。

　旗印は上白下紺二段染分けに黒大内菱紋と「妙見大菩薩」「八幡大菩薩」「天満大自在天神」神号の流旗。

　大内家の家紋は大内菱と呼ばれる花菱紋。花菱紋は大陸渡来の有職文様なので唐花菱とも呼ばれる。

大内義隆旗印
Ouchi Yoshitaka war banner

1. 戦国時代　Sengoku Period

(59) 安芸国：毛利秀就
文禄4年（1595）－慶安4年（1651）

　安芸国広島城で毛利輝元の長男として生まれる。関ヶ原の戦いで西軍が破れ、毛利家は長門国、周防国29万石に減封された。

　慶長9年（1604）長門国萩城主となる。大阪の陣では徳川方で参戦した。

　旗印は上下赤中白。旗は父・輝元の旗印と同じ2色を用いた。

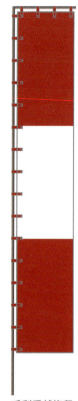

毛利秀就旗印
Mouri Hidenari war banner

(60) 吉川広家
永禄4年（1561）－寛永2年（1625）

　天正14年（1586）父、翌年兄の死により家督を継ぎ、安芸国日野山城主となる。秀吉に仕え、天正19年（1591）毛利氏領112万石のうち、伯耆国三郡、出雲国月山富田城周辺11万石と隠岐国を与えられた。

　関ヶ原の戦いでは豊臣方に参戦したが、家康に内通。戦後、周防国岩国城を与えられた。

　旗印は白地黒三つ引両。遠目には旗印は白黒段々に見えるが、これは吉川家家紋「丸に三つ引両」にちなむ白地に黒三つ筋＝三つ引両である。

吉川広家旗印
Kikkawa Hiroie war banner

068　第Ⅱ部　戦国時代及び近世の旗章　*Sengoku Period /Early Modern Flags*

(61) 長門国：毛利秀元
天正7年（1579）-慶安3年（1650）

　天正20年（1579）毛利輝元の養子となる。文禄4年（1595）周防国山口に20万石を与えられた。秀吉に仕え、朝鮮出兵に参陣。慶長4年（1599）長門国及び周防国吉敷郡を与えられた。西軍に属した関ヶ原の戦いの後は長門国府中5万石に減封。

　旗印は赤地白餅一つ。叔父輝元の旗印と同じ2色を用いた。

毛利秀元旗印
Mouri Hidemoto war banner

(62) 対馬国：宗義成
慶長9年（1604）－明暦3年（1657）

　慶長20年（1615）父の遺領を継ぎ、対馬国2代目藩主となる。大阪夏の陣に徳川方として参陣し、丹波方面の守備を担当。

　寛永12年（1635）李氏朝鮮との間での国書偽造が発覚、宗家は改易の危機に立たされた。しかし、三代将軍家光は朝鮮とのパイプ役として宗家を使うことが得策と考えたため、改易を免れた。

　旗印は赤地白二つ引両に白の招き。この旗は父義智が朝鮮出兵で先鋒隊として戦った際に翻っていた旗と伝えられる。

宗義成旗印
So Yoshinari war banner

1. 戦国時代　*Sengoku Period*

(63) 壱岐国：松浦鎮信
天文18年（1549）－慶長19年（1614）

　天正15年（1587）父隆信と共に秀吉の九州平定に参戦し、6万3200石の壱岐国所領を安堵された。秀吉の朝鮮出兵に参加し、近代大名の地位を確立した。オランダやイギリスとの貿易を行い、平戸繁栄の基礎を築いた。

　旗印は赤地白松浦三つ星紋に二つ引両。大将軍、左将軍、右将軍を表す「松浦三つ星」家紋と「丸の内に二つ引両」家紋を組み合わせたもの。

松浦鎮信旗印
Matsura Shigenobu war banner

(64) 筑前国：黒田長政
永禄11年（1568）－元和9年（1623）

　天正15年（1587）父孝高と共に九州平定で活躍し、同17年（1589）家督を継ぎ、12万石豊前国中津城主となる。関ヶ原の戦いでは東軍に属し、小早川秀秋、吉川広家を誘いこんだ功績が大きく、戦後筑前国52万石を与えられた。

　旗印は紺地白黒田藤巴紋。家紋の藤巴については天正4年（1576）信長に謀反を起こした荒木村重によって父孝高が1年間土牢に幽閉された時に、父の心を慰めたのが牢屋から見える藤の花であったからとの言い伝えがある。

黒田長政旗印
Kuroda Nagamasa war banner

(65) 筑後国：有馬豊氏
永禄12年（1569）－寛永19年（1642）

　秀吉に仕え、文禄4年（1595）遠江国横須賀3万石を与えられる。秀吉の死後は家康に仕え、関ヶ原の戦い、大阪の陣で徳川方に参陣し、功を上げ21万石筑後国久留米城主となった。

　旗印は白地黒平釘抜裾筋違黒染分け。昔の釘抜きは座金と楔子の2つからなり、有馬氏の家紋はその座金をデザインしたもの。

有馬豊氏旗印
Arima Toyouji war banner

(66) 肥前国：鍋島勝茂
天正8年（1580）－明暦3年（1657）

　関ヶ原の戦いでは西軍に属したため、戦後苦境に立たされたが、柳川の立花家を討つことで家康から赦された。慶長12年（1607）領主であった龍造寺高房の死去により肥前国佐賀藩主となった。

　旗印は白地裾筋違黒染分けに黒杏葉紋。この紋はもともと大友宗麟の家紋であったが、勝茂の父・直茂が大友軍に勝利した証に自らの家紋にしたもの。杏葉はもともと馬具の金具であったが、後に花の形に変化し、この名前が付いた。

鍋島勝茂旗印
Nabeshima Katsushige war banner

1. 戦国時代　Sengoku Period　　071

(67) 豊前国：毛利勝永
天正5年（1577）－慶長20年（1615）

　秀吉に仕え、天正15年（1587）豊前国に1万石を与えられた。関ヶ原の戦いで西軍に属し、戦後土佐の山内一豊に預けられた。

　慶長19年（1614）大阪冬の陣に豊臣方として参陣、翌年の夏の陣にも出陣したが敗北し、秀頼の首を介錯した後に自害した。

　旗印は白地赤日の丸。幕府を作り、武家政権を確立した源氏は白旗のほかに軍旗として日の丸を配した白旗を使ったと伝えられ、これにあやかって日の丸を使った戦国武将も多かった。

毛利勝永旗印
Mouri Katsunaga war banner

(68) 豊後国：大友宗麟
享禄3年（1530）－天正15年（1587）

　天文19年（1550）父の遺領を継ぎ、豊後国、肥後国、筑後国の守護職を相続した。その後も肥前国、豊前国、筑前国守護職と九州探題職を与えられ、九州で並ぶもののない大名となった。

　その後、キリシタンに改宗し、ローマ少年使節団を派遣。天正6年（1578）島津氏と戦い、大敗、衰退した。

　旗印は白地紺杏葉紋。家紋は先祖伝来の格式高い杏葉。

大友宗麟旗印
Otomo Sorin war banner

(69) 肥後国：小西行長
弘治元年（1555）－慶長5年（1600）

　秀吉に仕え、船奉行に任命された切支丹大名。

　天正16年（1588）肥後国宇土城14万石の城主となる。朝鮮出兵の後、加藤清正、福島正則らと対立。関ヶ原の戦いで西軍に属し敗退。捕らえられて斬首となった。

　旗印は白地紺山道三つ筋二段。

小西行長旗印
Konishi Yukinaga war banner

(70) 加藤清正
永禄5年（1562）－慶長16年（1611）

　秀吉に仕え、天正15年（1587）九州平定の後、肥後国25万石を与えられ熊本城主となった。関ヶ原の戦いでは東軍に属し、その功で肥後一国52万石の大名となった。

　旗印は白地裾筋違黒染分けにはね題目、白の招き。

　清正は熱心な法華宗信徒であったため、旗印には「南無妙法蓮華経」の題目を据えているが、文字の先を伸ばして書くことから「はね題目」と呼ばれる。

加藤清正旗印
Kato Kiyomasa war banner

1. 戦国時代　Sengoku Period　073

（71）益田時貞（天草四郎）
元和7年?（1613?）－寛永15年（1638）

関ヶ原の戦いで敗北、斬首された小西行長の遺臣益田好次の子として肥後国天草に生まれる。天草四郎として知られる。

寛永14年（1637）から翌年まで続いた切支丹による島原の乱の総大将で戦死。益田時貞が使った陣中旗は両脇に天使を置き、中央に最後の晩餐を示す葡萄酒の入った聖杯とラテン十字を付けた聖餅、上部に古ポルトガル語で「いとも尊き聖体の秘蹟ほめ尊まれ給え」と言う標語を配した白四方。「四方*」とは正方形旗を意味する。

＊についてはP106参照

益田時貞旗印
Masuda Tokisada war banner

（72）日向国：島津豊久
元亀元年（1570）－慶長5年（1600）

天正15年（1587）父の遺領を継ぎ、日向国佐土原城主となる。朝鮮出兵では伯父義弘と共に渡海し、多くの軍功を上げた。

関ヶ原の戦いでは西軍に属し参戦。敵中突破退却し、義弘の身代わりとなって戦死。

旗印は黒地白丸に十字二つ。

家紋の十字はもともと、厄介払い、招福の印と信じられ、これが旗紋になったと伝えられる。

島津豊久旗印
Shimazu Toyohisa war banner

(73) 大隅国、薩摩国：島津義弘
天文4年（1535）－元和5年（1619）

　天正13年（1585）筑前国、豊後国を除く九州全域を制圧し、朝鮮出兵では朝鮮水軍の李舜臣を打ち倒した。関ヶ原の戦いでは西軍に属し敗戦、桜島に蟄居した。

　旗印は白地裾筋違黒染分けに黒丸に十字。この家紋を馬の口に含ませ手綱をつける金具である轡から「くつわ十字」と呼ぶが、島津家の十字が切支丹の十字架に通ずるので、疑いを避けるため、便宜上「轡」の語を用いたと推測される。

島津義弘旗印
Shimazu Yoshihiro war banner

2 馬印
Umajirusi standard

軍を率いる武将が陣に据える標識。大将の馬の前や側に掲げて位置、威勢を示すものであったため「馬印」と呼ばれた。陣中の大きなものを「大馬印」、戦闘中に使う小さなものを「小馬印」と呼び分けた。『甲陽軍鑑』によると、馬印は北条氏康（1515-1571）の臣下の大道寺氏が使い始めたという記述が残っているが、一方『信長記』には、馬印は元亀年間（1570-1573）に始まったとあり、その正確な登場時期は定かではない。旗印、陣旗が部隊旗であるのに対し、馬印は大将の役職旗で個人旗の性格を有していた。馬印の形状は2種類あり、旗は縦横の比率が正方形に近い「四方*」や縦横比率が3対2に近い「四半*」が多かった。ここでは戦国時代に使われた代表的な旗形状の馬印を列挙する。

別の形状としては「作物*」あるいは「雑形*」と呼ばれる木、紙、金属などで立体成形された標識が使われた。旗章学で言う西洋のヴェキシロイドに相当する。吹流、傘、扇、瓢箪などの形状が作られた。

＊についてはP106参照

（1）井伊直政
赤地黄筆字「井」の四半。
天正12年（1584）秀吉と家康が戦った小牧・長久手の戦いで使用されたと伝えられる。

井伊直正馬印
Ii Naomasa standard

（２）今川義元

紺地金赤鳥の四半。

赤鳥は「垢取り」を表し、櫛の歯に詰まった垢を落とす道具で、今川氏は神託に基づき、代々これを馬印にしたことが『難太平記』に記述されている。

今川義元馬印
Imagawa Yoshimoto standard

（３）武田信玄

赤地黒唐花菱三つの四半。菱紋を四つに区分している武田割菱が有名であるが、武田信玄の肖像画では着用している直垂に花菱紋が見える上に、寒川神社に奉納した兜にも花菱紋の金具が付いており、信玄は大陸由来の唐花菱を好んだ模様。

紺地に金文字幟旗。

「風林火山旗」「孫子の大旗」と呼ばれる旗で信玄に命じられた軍師山本勘助が文を選び、武田家菩提寺の快川和尚が書いたと伝えられる。

「その疾きこと風の如く、その静かなること林の如く、侵略すること火の如く、動かざること山の如し」と記されている。

武田信玄馬印
Takeda Shingen standard

（4）北条氏康

白地黒鱗の四方。
初代執権・北条時政が江ノ島弁財天に子孫繁栄を祈願したとき、美女に変身した大蛇が神託を告げ、3枚の鱗を残して消えたことにちなむという。

北条氏康馬印
Hojyo Ujiyasu standard

（5）織田信長

金の傘。
日本には元来、笠はあったが傘はなく南蛮貿易によって持ち込まれた最新アイテムであった。新し物好きな信長らしいデザインと言えよう。

（6）豊臣秀吉

金の瓢箪に金の暖簾。
永禄9年（1566）美濃斉藤氏の稲葉城攻めで背後から奇襲をかけた藤吉郎（秀吉）が本隊に送った合図が槍先に付けた瓢箪。戦功を上げた藤吉郎に信長が瓢箪を馬印に使うことを許し、後になって使い始めたと伝えられる。

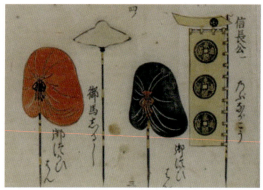

左から２番目　織田信長馬印
Oda Nobunaga standard 2nd one from the left

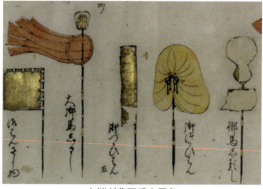

右端が豊臣秀吉馬印
Toyotomi Hideyoshi standard right end

3 指物
Sashimono ornaments

　「指物」は背に指す小型の識標。戦国時代後期より起こり、安土桃山時代から江戸時代初期にかけて全盛であった。部隊の合印としての指物は「**番指物***」、連絡役の指物は「**使番指物***」、個人が背に指す場合は「**自身指物***」と呼ばれた。旗形式のものは「**旗指物***」、作物形式のものは「**作物指物***」と区別された。「**作物***」は木、紙、金属などで立体成形された標識で「**雑形***」とも呼ばれ、自分好みのデザインで人目を引く異形とも言える指物が数多く作られた。

*についてはP106参照

（1）団扇：指物で最も多く使われた一つで金色が多かった。

Uchiwa fan

（2）柄絃：一つの軸から枝のように左右に数本出て構成される。

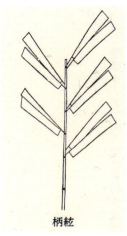

Ezuru handled strings

（3）懸扇：竿に付けた開いた扇。家康の馬印は金色の懸扇。

Kakeougi open fan

（4）風袋：底のついた袋。

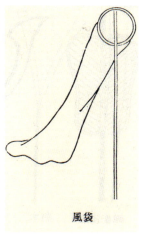

Kazebukuro wind bag

1. 戦国時代　Sengoku Period　079

（５）禿：ヤクなどの毛を束ねたもので、童の髪のように下を切り揃えたもの。

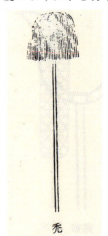

Kaburo child's untied hair

（６）傘：織田信長が金色の傘を馬印に使った。

Kasa umbrella

（７）撓：風に吹きなびくようにそりを入れた竹を使い、数により二本撓と呼んだ。

Shinai bending two banners

（８）団子：串刺しの団子にかたどったもの。

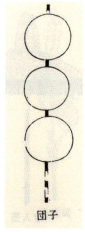

Dango three dumplings

（９）蝶羽：蝶の羽の片側だけを使ったもの。

Chonoha butterfly

（10）瓢箪：瓢箪を逆さにしたもの。豊臣秀吉の馬印として有名。

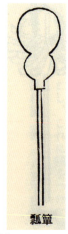

Hyotan gourd

080　第Ⅱ部　戦国時代及び近世の旗章　*Sengoku Period / Early Modern Flags*

2. 江戸時代中期
Edo middle Period

「船印」とは、一般的には船の所有者や国籍を明らかにするために用いる標識のことを言う。

歴史的に、船印が明確な形で登場し始めたのは中世以後で、大型船が造られ、船舶の経済・軍事的役割が高まり、海上交通が飛躍的に発達し、船の航行距離が拡大し、船の識別が重要となったことによる。

江戸時代の武家に使われた船は戦闘用の軍船と参勤交代などに用いられた御座船に大別できる。戦いのない太平の世が長く続いた江戸時代にあっては、軍船よりも御座船がより多く使われた。この状況が変わるのは黒船が来航し、社会情勢が不安定となり、各藩が自衛手段として洋式蒸気船や帆の多い洋式艦船を保持し始めた幕末まで待たなければならない。

近代までの帆船時代においては、船印に用いられたのは、軍船では藩主の家紋や合印が多く、徳川家の船には葵の紋が帆に入れられた。また、江戸時代に日の丸を重用したのは幕府で、三代将軍家光が命じて寛永7年（1630）に新造された御座船天地丸や安宅丸は多数の日の丸の幟で装飾されていた。

また寛文13年（1673）に幕府直轄地の年貢米を江戸や大阪に運ぶ御城米船や幕府御用船に「御城米船印」として白地に朱の丸の四半を立てることを義務づけた幕府令が出された。これが「朱乃丸船印」という呼称の始まりで、以来、日の丸の幟が幕府船の標識とされた。

寛永7年（1630）幕府御座船「天地丸」
Shogunate funajirusi maritime ensigns in Tenchi-maru in 1630

江戸時代に作られた『武鑑』を見ると、諸大名が使った船印が掲載されているが、広義の「船印」には帆に入れた文様である「帆印」と船側に飾った幕に入れた文様である「幕印」と船尾に掲げた流旗、乳付旗、作物である狭義の「船印」の3種類が存在した。

江戸時代中期の旗である狭義の船印に関しては、形状は四方より四半が多く見られる。戦場で軍勢を誇示し、敵に恐怖心を抱かせる目的で作られた戦国時代の幟旗や作物馬印は極めて大きかったが、戦(いくさ)のない江戸時代にあっては、所有者を識別する目的で用いられたので、巨大な船印は存在しない。

寛文13年（1673）朱乃丸船印
Shunomaru funajirusi in 1673

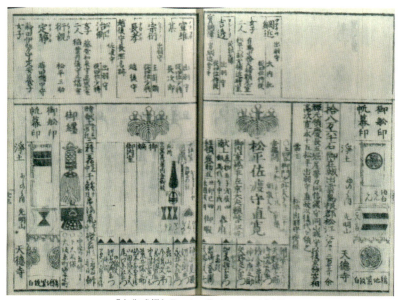

『文化武鑑』Bunka Bukan in 1815

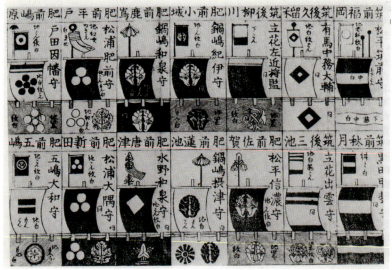

『諸國御大名方船印』Daimyo funajirusi ensigns

| 船印 Funajirushi(ensign) | 帆印 Hojirushi(sail) | 幕印 Makujirusi(curtain) |

『武鑑』に記された船印には彩色がないが、色付きの文献も残されている。

神戸大学住田文庫蔵『諸藩御船印乃圖』刊行推定年寛延3年（1750）及び『諸國大名帆印船印』同明和7年（1770）に掲載されている代表的な20の諸大名のカラー船印について説明を加える。書籍の色が褪せて見え方が違っているものも正しい色を武鑑に照らして記述した。

（1）阿波徳島藩　蜂須賀阿波守（はちすかあわのかみ）
　　船印は白地紺丸に卍紋
　　帆印は白地紺丸に卍紋裾筋違紺染分け
　　幕印は白地紺丸に卍紋

（2）讃岐丸亀藩　京極長門守（きょうごくながとのかみ）
　　船印は紺地白平四つ目紋流旗、上立鼓飾り
　　帆印は白地黒平四つ目紋
　　幕印は紫地白平四つ目紋

阿波徳島藩船印　　　讃岐丸亀藩船印
Awa Tokushima clan ensign　Sanuki Marugame clan ensign

（3）安芸広島藩　浅野安芸守（あさのあきのかみ）
　　船印は白地紺三筋、上鳥毛
　　帆印は白地紺の方形
　　幕印は紫地白丸に浅野鷹の羽紋

（4）備後福山藩　阿部伊予守（あべいよのかみ）
　　船印は白地紺丸に浅野鷹の羽紋
　　帆印は白地紺二筋に浅野鷹の羽紋
　　幕印は紫地白浅野鷹の羽紋

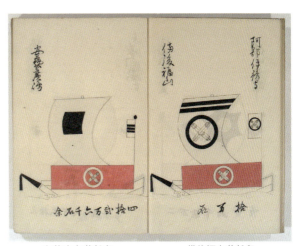

安芸広島藩船印　　　備後福山藩船印
Aki Hiroshima clan ensign　Bingo Fukuyama clan ensign

（5）周防徳山藩　毛利山城守
　船印は紺地白一文字五三の桐紋流旗、上鳥毛
　帆印は紺地白餅
　幕印は赤地白五三桐紋と紺長門三つ星紋二つ

（6）長門府中藩　毛利甲斐守
　船印は白地紺長門三つ星紋、上鳥毛
　帆印は紺地白餅
　幕印は白地紺長門沢瀉紋に長門三つ星紋二つ

周防徳山藩船印　　　　　長門府中藩船印
Suou Tokuyama clan ensign　Nagato Fuchu clan ensign

（7）筑後柳川藩　立花左近将監
　船印は上白下紺染分け
　帆印は白地裾紺と上紺二筋
　幕印は紫地白立花杏葉紋二つと柳川守紋

（8）筑後久留米藩　有馬中務大輔
　船印は白地紺釘抜紋
　帆印は白地紺釘抜紋
　幕印は赤地白釘抜紋二つに有馬巴紋

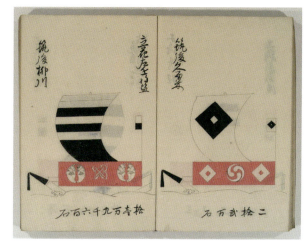

筑後柳川藩船印　　　　　筑後久留米藩船印
Chikugo Yanagawa clan ensign　Chikugo Kurume clan ensign

（9）豊前小倉藩　小笠原右近将監
　船印は赤地白三階菱紋流旗、上鳥毛二つ
　帆印は右左紺中白
　幕印は赤地白三階菱紋

（10）周防岩国藩　吉川左京
　船印は赤地紺輪九曜紋、上鳥毛
　帆印は紺地白三筋
　幕印は赤地紺輪九曜紋

豊前小倉藩船印　　　　　周防岩国藩船印
Buzen Kokura clan ensign　Suou Iwakuni clan ensign

（11）伊予大洲藩　加藤遠江守
　　船印は白地紺蛇の目紋
　　帆印は白地紺蛇の目紋
　　幕印は赤地白蛇の目紋

（12）伊予吉田藩　伊達和泉守
　　船印は白地赤九曜紋、裾筋違黒染分け
　　帆印は白地紺三筋
　　幕印は白地赤丸の内に竪三つ引両紋と仙台笹紋

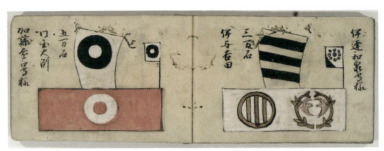

伊予大洲藩船印　　　　　伊予吉田藩船印
Iyo Ozu clan ensign　　　Iyo Yoshida clan ensign

（13）播磨赤穂藩　森和泉守
　　船印は白地紺十字紋
　　帆印は白地紺十字紋
　　幕印は赤地白十字紋

（14）播磨林田藩　建部近江守
　　船印は白地黒三つ蝶紋
　　帆印は白地黒三つ蝶紋
　　幕印は紫地白市女笠紋

播磨赤穂藩船印　　　　　播磨林田藩船印
Harima Ako clan ensign　Harima Hayashida clan ensign

（15）石見津和野藩　亀井能登守
　　船印は白地紺隅立四つ目紋、上鳥毛
　　帆印は白地紺隅立四つ目紋
　　幕印は赤地白隅立四つ目紋

（16）長門清末藩　毛利讃岐守
　　船印は紺地白長門三つ星紋流旗、上鳥毛
　　帆印は紺地白餅
　　幕印は赤地白五三の桐紋と長門三つ星紋

石見津和野藩船印　　　　長門清末藩船印
Iwami Tsuwano clan ensign　Nagato Kiyosue clan ensign

（17）播磨龍野藩　脇坂中務大輔

　　船印は白地紺輪違い紋流旗、上鳥毛
　　帆印は白地紺輪違い紋
　　幕印は赤地白輪違い紋

（18）播磨姫路藩　酒井雅楽頭

　　船印は上下白中黒
　　帆印は白地黒格子
　　幕印は白地赤剣片喰紋

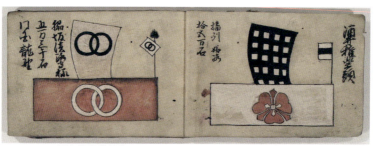

播磨龍野藩船印
Harima Ako clan ensign

播磨姫路藩船印
Harima Hayashida clan ensign

（19）肥後宇土藩　細川若狭守

　　船印は白地紺筋二つ
　　帆印は紺地白九曜紋白筋大小二つ
　　幕印は赤地白九曜紋白筋二つ

（20）肥後熊本藩　細川越中守

　　船印は白地紺九曜紋
　　帆印は紺地白九曜紋
　　幕印は紫地白桜紋と九曜紋

肥後宇土藩船印
Higo Uto clan ensign

肥後熊本藩船印
Higo Kumamoto clan ensign

3. 江戸時代後期
Edo late Period

　江戸時代中期に年貢米を運ぶ幕府傭船に朱乃丸船印として白地に朱の丸の四半を使い始めたが、この幕府令はあくまで鎖国下の国内で使う船印を定めたものであった。対外的にわが国を代表する船印が初めて定められたのは、文化7年（1810年）対馬で朝鮮通信使を出迎えるにあたり、幕府官船で使われた白地朱の丸船印だと言われる。最初の非公式国旗制定と言えよう。

　江戸時代の後半を過ぎると、鎖国下の日本近海にしばしば外国船が姿を現すようになる。巨大な黒い船体、煙を吐く煙突、西洋の技術と文化の象徴とも言える黒船に人々は驚きと怖れを抱いた。マストに掲げられた色とりどりの旗は人々の目を引き付けた。

　海洋を行くには自国船と外国船を区別し、外国と認識を共通する旗が必要とされた。日本国籍の船であることを示す国旗や軍艦旗の制定など旗章制度の西洋化が急速に進むこととなる。

｜日の丸の変遷

　ここで日の丸がわが国を代表する印となっていく経緯を見てみよう。

　天保8年（1833）浦賀に渡航した米国商船モリソン号砲撃事件の翌9年（1834）水戸藩主徳川斉昭は、蒸気船の建造や海防力の強化のために大船建造禁止令を解き、日本船に国籍を示す総船印として日の丸を定めるよういち早く幕府に願い出た。18年後の嘉永5年（1852）薩摩藩主島津斉彬は薩摩と琉球往復航路に限る条件付きで大船建造許可を得て、国籍を示す船印制定の必要性が現実化する。嘉永6年（1853）幕府は大船建造禁止令を廃止。島津斉彬は老中阿部正弘に船には朱の丸を付けた小旗と吹貫を付けたいとした意見書を提出する。

　この間、外国船のたび重なる来航に外国船の国籍を旗で判断できる箕作省吾による『外蕃旗譜』弘化4年（1847）といった手引書などが数多く作られる。

弘化3年（1846）萬國旗鑑
Bankoku Kikan flag book in 1846

オランダ船舶旗
Dutch ensign

教皇領旗
Papal States flag

安政元年（1854）6月5日幕府は
①朱色は海上では変色しやすい。
②朱の丸は御城米船など幕府官船印なので国の印にすべきではない。
③朱は黒より染め賃が高い。
との理由から斉彬の提案を退け、総船印は白紺の吹貫とし、中央柱へ立てる。帆印は白地に中黒とし、諸藩は家の旗印を立てて良いとの幕府令を出した。

斉昭の
①中黒は源氏の流を示す徳川家の印にすぎない。
②日の丸こそ日本国の印に相応しく幕府の印を中黒にすればよい。
③赤は染め賃が高いと言うが、幕府官船印として使っているではないか。

との反論を受け、1ヵ月後の7月11日幕府は総船印は白地日の丸幟、幕府官船は白紺の吹貫を中央柱に立て、帆印は白地中黒と公布した。

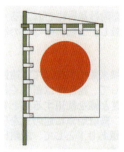
安政元年　総船印日の丸幟
National ensign in 1854

幕府官船船印白紺吹貫
Government ensign streamer

安政元年幕府官船中黒帆印
Government sail nakaguro (white sail with a black stripe) in 1854

この時、唯一の西洋型艦船「鳳凰丸」を持っていた幕府は、5月の完成時には総船印が未定のため、前年8月浦賀奉行所より幕府へ提出した仕様書に基づき、帆印は白地中黒、中央柱に日の丸吹貫、船尾に日の丸を使用。鳳凰丸が国旗日の丸を初めて掲揚した船となった。これに続いたのが安政元年（1854）12月薩摩藩「昇平丸」と安政2年（1855）竣工の水戸藩「旭日丸」である。

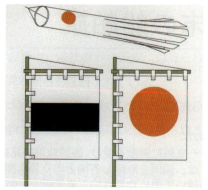
安政元年　幕府「鳳凰丸」船印
Government ensigns on Houou-maru

第Ⅱ部　戦国時代及び近世の旗章　Sengoku Period/Early Modern Flags

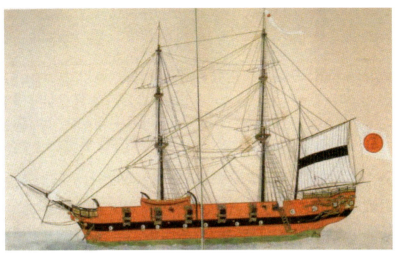
安政元年5月「鳳凰丸」
Houou-maru in May 1854

安政元年12月薩摩藩「昇平丸」
Satsuma clan Shohei-maru in December 1854

安政2年水戸藩「旭日丸」
Mito clan Asahi-maru in 1855

3. 江戸時代後期　*Edo late Period*

安政6年（1859）幕府は先の幕府令を改正。御国総印は白地日の丸旗で艫綱へ引揚げ、帆は白布。幕府軍艦は中黒細旗を中帆柱へ立てるよう改めた。また、文久3年（1863）の幕府令で中黒細旗に加えて白地中黒旗を中央柱に立てるように改まったが、4年後の慶応3年（1867）に廃止された。

総船印から御国総印、幟から旗へ掲揚方法も欧米海軍にならってこれにより従来の縦長四半から西洋式横長旗にわが国の旗も変更されたことになる。ただし、これに先立ち安政2年（1855）伊豆で建造された幕府のスクーナー型帆船君澤形や安政5年（1858）仙台藩が建造した「開成丸」にはすでに国際的な掲揚法を採用して艫綱に日章旗が揚げられたと言う文書と絵図が残されている。安政6年の幕府令は大まかな国旗のデザインと掲揚方法が定められただけに過ぎず、日章の直径、旗の大きさ、旗の縦横比率などの規格詳細は、明治3年の太政官布告を待たなければならない。

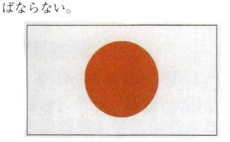

安政6年御国総印日章旗
National ensign in 1859

幕府軍艦中黒細旗
Government naval pennant

文久3年―慶応3年幕府軍艦中黒旗
Government ensign 1863-1867

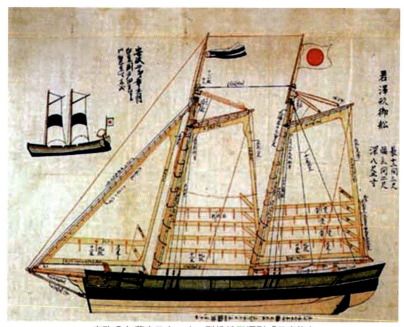

安政2年幕府スクーナー型帆船君澤形「日章旗」
National ensign on government schooner in 1855

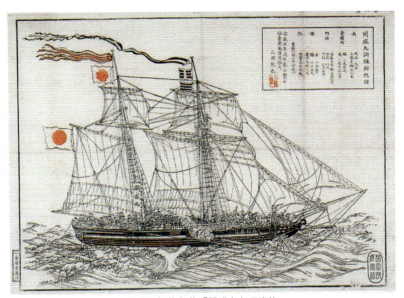

安政5年仙台藩「開成丸」日章旗
National ensign on Sendai clan Kaisei-maru in 1858

1 幕末の諸藩藩旗
Clan ensigns in the end of Edo Period

慶応2年（1866）長崎運上所が編纂した『諸藩舩徽』には、安政6年（1859）に定められた御国総印（日章旗）の他、26の藩旗が掲載されている。すでに西洋国旗に準じた横長旗で、縦横比率はおよそ3対4となっている。

これらは洋艦を購入・建造した諸藩が、海軍軍艦旗として使用していたものである。

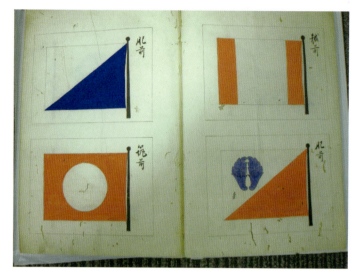

『諸藩舩徽』
Shohan Senki(clan ensigns)

（１）宇和島藩
廃藩置県時、最後の藩主（以下藩主と略す）　伊達宗徳（だてむねえ）

10万402石の外様大名で倒幕派。

藩旗は3種類あり、白地赤九曜紋、白地赤竪三つ引両紋と白地紺丸に平井筒紋。

九曜紋は、伊達氏が桓武平氏流伊佐氏の後裔とする説があり、それを物語っている。三つ引両は伊達氏の始祖が藤原討伐の功により源頼朝から下賜された紋。平井筒紋は清和源氏にちなむ紋。

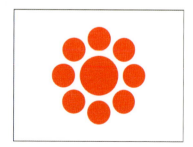

宇和島藩旗
Uwajima clan ensigns

（２）加賀藩
藩主　前田慶寧
102万5千石の外様大名で倒幕派。

　藩旗は2種類あり、白地黒加賀梅鉢紋と紺地白加賀梅鉢紋。加賀梅鉢紋は花芯に短小な剣を加えたもの。前田家は梅鉢紋が家紋で、替え紋は使わない当時でも珍しい大名であった。

 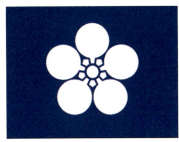

加賀藩旗
Kaga clan ensigns

（３）紀州藩
藩主　徳川茂承
55万5千石の親藩大名で倒幕派。

　藩旗は白地赤「紀」文字。家紋の葵は藩旗には使用せず。

紀州藩旗
Kishu clan ensign

（４）久留米藩
藩主　有馬頼咸
21万石の外様大名で倒幕派。

　藩旗は白地黒丸に釘抜き紋。

　渡瀬氏の遺領を継いだ有馬氏は替え紋に渡瀬氏の釘抜き紋を使い、藩旗にも用いた。

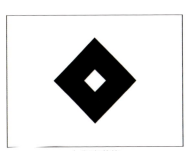

久留米藩旗
Kurume clan ensign

3. 江戸時代後期　Edo late Period　093

（5）熊本藩
藩主　細川護久

54万1千石の外様大名で倒幕派。

藩旗は白地黒九曜紋と白地黒竪二つ引両。

細川忠興が織田信長使用の小柄に付いた九曜紋を見て、自らの衣服に使用したいと願い出、信長から定紋として授与されたと伝えられる。二つ引両紋は足利義昭から拝領したもので、これを竪に配して藩旗としたもの。

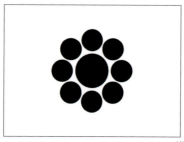 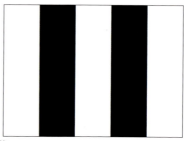

熊本藩旗
Kumamoto clan ensigns

（6）佐賀藩
藩主　鍋島直大

35万7千石の外様大名で倒幕派。

藩旗は2種類あって、白紺筋違染分けと白赤筋違染分けに紺抱き杏葉紋。杏葉は大友氏との戦いでの戦勝記念に奪取したものと伝えられる。

佐賀藩旗
Saga clan ensigns

（7）薩摩藩
藩主　島津忠義

72万8千石の外様大名で倒幕派。

藩旗は2種類あり、白地黒丸に十字紋と白地裾黒染分け。

戦国時代の島津家旗印は白地黒丸に十字裾筋違黒染分であったが、幕末藩旗はこれらの要素を二分したように見える。

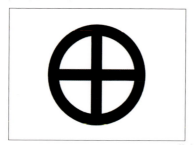 

薩摩藩旗
Satsuma clan ensigns

（8）小倉藩
藩主　小笠原忠忱

15万石の譜代大名で倒幕派。

藩旗は白地黒三階菱紋。

小笠原氏は甲斐源氏武田氏の一族で家紋は三階菱である。

武田氏一族はこぞって菱紋を使用したが、武田家の紋四つ割り菱をはばかって三階菱に変化したと考えられる。

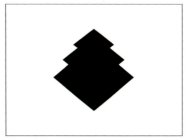

小倉藩旗
Kokura clan ensign

（9）松江藩
藩主　松平定安

18万6千石の親藩大名で倒幕派。

藩旗は2種類あり、白地黒違い山形紋と白地黒違い山形に葵紋。違い山形紋は幾何学模様とも言えるデザインで山岳信仰に基づく紋。葵紋は3代将軍家光の従兄弟にあたる松平直政が寛永15年（1638）藩主となったため使用された。

松江藩旗
Matsue clan ensigns

（10）大洲藩
藩主　加藤泰秋

6万石の外様大名で倒幕派。

藩旗は赤地白蛇の目紋。

藤原の一族である加藤家の家紋は蛇の目で、この印は単なる模様ではなく、呪符の一種と言われている。加藤清正も替え紋として用いた。

大洲藩旗
Ozu clan ensign

（11）土佐藩
藩主　山内豊範

20万2千石の外様大名で倒幕派。

藩旗は上下赤中白。丸に三つ柏の家紋は旗には使用せず。土佐出身の坂本龍馬率いる海援隊旗はこの土佐藩旗をモデルとしていた。

土佐藩旗
Tosa clan ensign

3. 江戸時代後期　Edo late Period

(12) 徳島藩
藩主　蜂須賀茂韶

25万7千石の外様大名で倒幕派。

藩旗は白地赤卍裾赤。卍は仏教の吉祥を表す印で蜂須賀家が摂津源氏頼弘の流れを示す。

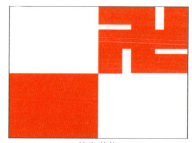

徳島藩旗
Tokushima clan ensign

(13) 小城藩
藩主　鍋島直虎

7万3千石の外様大名で倒幕派。

藩旗は白紺斜め分け方形縁白。小城藩鍋島家の家紋は小城花杏葉と言って杏葉を四角で囲ったデザインであるが、佐賀藩旗と区別するためか、藩旗にはその四角だけが使われている。

小城藩旗
Ogi clan ensign

(14) 福井藩
藩主　松平茂昭

32万石の親藩大名で倒幕派。

藩旗は2種類あり、左右赤中白黒葵紋と左右赤中白。もともと、家康の次男である秀康が藩主となったため葵紋を使用している。

福井藩旗
Fukui clan ensigns

(15) 福岡藩
藩主　黒田長知

47万3千石の外様大名で倒幕派。

藩旗は赤地白餅。白餅は黒田家の定紋。

福岡藩旗
Fukuoka clan ensign

（16）広島藩
藩主　浅野長勲(あさのながこと)

42万6千石の外様大名で倒幕派。

藩旗は3種類あり、白地黒丸に三つ引両紋、白地黒三つ引両、白地黒丸に浅野違い鷹の羽。この羽は渦巻状の文様がつき右を上にした「右重ね」。

  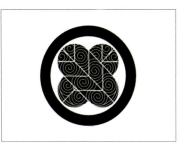

広島藩旗
Hiroshima clan ensigns

（17）御国総印

1854年に定められた総船印は縦長四半旗であったが、1859年の御国総印は藩旗と同じく西洋流の横長旗でおよそ縦横比率は3対4であった。

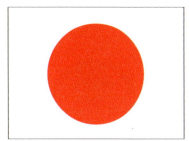

御国総印
National ensign

2　戊辰戦争で使われた藩旗
Clan flags and ensigns used in Boshin War 1868-1869

　明治元年（1868）1月大政奉還後の徳川慶喜への処遇に不満の旧幕府軍が新政府軍と京都で衝突。1月鳥羽伏見の戦い、5月上野戦争、7月長岡城の戦い、9月会津の戦い、1869年5月は箱館戦争と1年半に及んだ一連の戦いである戊辰戦争で使われた藩旗を列挙する。

1 旧幕府軍
Former shogunate forces

（1）会津藩
　　　最後の藩主（以下藩主と略す）　松平容保
　28万石の親藩大名で佐幕派。
　藩旗は3種類あり、白地黒丸に葵紋、白地黒會文字の四半と同デザインの横長西洋式旗。四半は軍旗、旗は軍艦旗として使われた。丸に葵紋は会津藩松平家の家紋。

会津藩軍旗
Aizu clan war flags

会津藩軍艦旗
Aizu clan naval ensign

（2）仙台藩
　　　藩主　伊達宗基
　28万石の外様大名で佐幕派。
　藩旗は白地赤九曜紋。軍艦旗で九曜は九星を表す印で政宗が細川家に所望し用いられた紋と伝えられる。

仙台藩軍艦旗
Sendai clan naval ensign

（3）盛岡藩
　　　藩主　南部利恭
　13万石の外様大名で佐幕派。
　藩旗は紺地白九曜紋。軍艦旗で九曜紋は北極星を神格化した妙見信仰から生まれたもので、北辺に領地を保った南部氏らしい家紋である。

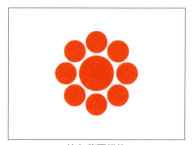

盛岡藩軍艦旗
Morioka clan naval ensign

（4）福島藩
藩主　板倉勝達

2万8千石の譜代大名で佐幕派。

藩旗は赤地白九曜巴紋。軍艦旗。武士の弓手に巻く鞆から、また古代の宝器であった勾玉が巴形で、これを神霊の印として図案化したと言われる。

福島藩軍艦旗
Fukushima clan naval ensign

（5）姫路藩
藩主　酒井忠邦

15万石の譜代大名で佐幕派。

藩旗は白地黒三つ星紋。軍艦旗で酒井氏の定紋である剣片喰は幕末の旗には使用せず。

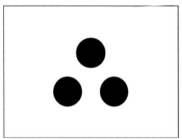

姫路藩軍艦旗
Himeji clan naval ensign

（6）桑名藩
藩主　松平定教

6万石の譜代大名で佐幕派。

藩旗は白地黒六曜紋。軍旗で六曜紋は桑名松平家と関わる戸田氏歴代の家紋。

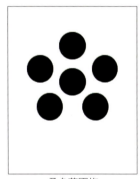

桑名藩軍旗
Kuwana clan war flag

（7）松山藩
藩主　板倉勝弼

5万石の譜代大名で佐幕派。

藩旗は赤地白九曜巴紋。軍艦旗で同族の福島藩旗と同じデザイン。

松山藩軍艦旗
Matsuyama clan naval ensign

（8）庄内藩
　　　　藩主　酒井忠宝(さかいただみち)

　12万石の譜代大名で佐幕派。

　藩旗は白地赤日の丸に黒丸三つ。軍艦旗。酒井家紋は丸に片喰であるが藩旗には不使用。

　「破軍七星旗」は庄内藩二番大隊を率いた酒井玄蕃がデザインした紺地に金色の北斗七星が逆さまに描かれ、赤いフリンジを付けた軍旗。北斗七星は、破軍の星と呼ばれ、「破軍星の方向に向かって戦いを挑めば必ず負け、破軍星を背にして戦えば必ず勝つ」と言われるもので、酒井の掲げた軍旗「破軍七星旗」は、北斗七星を逆さに描いたものであった。この旗のおかげか連戦連勝の無敵で、酒井は新政府軍から「鬼玄蕃」と恐れられたと伝えられている。

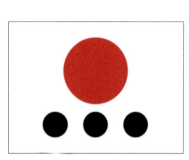
庄内藩軍艦旗
Shonai clan naval ensign

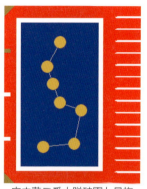
庄内藩二番大隊破軍七星旗
Shonai clan 2nd battalion regiment

（9）奥羽越列藩同盟旗

　この同盟は戊辰戦争の際に会津藩、庄内藩、米沢藩が中心となって陸奥国、出羽国、越後国の31藩が新政府軍に対抗するために結成した軍事同盟。

　同盟旗は黒地白五芒星四半、白地黒五芒星四方の2種類ある。五芒星は、陰陽道では魔除けの呪符として伝えられており、印にこめられたその意味は陰陽道の基本概念となった陰陽五行説、木・火・土・金・水の5つの元素の働きの相克を表したものであり、五芒星はあらゆる魔除けの呪符として重宝された。日本の平安時代の陰陽師、安倍晴明が五行の象徴として、五芒星の紋を用いていたことは広く知られている。

奥羽越列藩同盟旗
Ouetsu Reppan Domei war flags

(10) 榎本武揚艦隊旗

　榎本武揚（天保7年1836-明治41年1908）はオランダに留学し、帰国後、幕府の海軍奉行となる。戊辰戦争では箱館の五稜郭にこもり、新政府軍と交戦するが降伏。特赦され、北海道開拓使となる。後、ロシアとの間で樺太・千島交換条約を締結。文部・外務などの各大臣を歴任した。

　榎本武揚率いる艦隊は白地赤日の丸と白地中黒長旗を使用した。

　これは旧幕府軍として箱館戦争に参加した回天丸絵図に示されている。菊花紋章に現在の北海道旗にある赤い七稜星を重ねた青旗が「蝦夷共和国国旗」として制定されたという情報がインターネット上にしばしば現われるが、事実無根である。

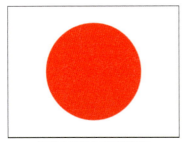 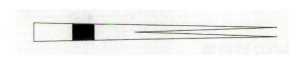

旧幕府軍榎本武揚軍艦旗　　　　　　　　　　　同　中黒長旗
Enomoto Takeaki fleet naval ensign　　　　　naval pennant

榎本武揚艦隊「回天丸」　　　　　　蝦夷共和国国旗？
Enomoto Takeaki fleet Kaiten-maru　　Ezo Republic flag invented

❷ 新政府軍
New government forces

（1）久保田藩
　　　藩主　佐竹義堯(さたけよしたか)

　20万5千石の外様大名で倒幕派。
　藩旗は白地黒扇月丸紋。軍艦旗。
　当時、太陽は赤ないし金丸、月は銀ないし白丸で表わされた。

久保田藩軍艦旗
Kubota clan naval ensign

（2）弘前藩
　　　藩主　津軽承昭(つがるつぐあきら)

　10万石の外様大名で倒幕派。
　藩旗は白地黒卍。軍艦旗。
　定紋は津軽牡丹であるが、藩旗には戦国時代から軍旗に用いられた卍を使っている。

弘前藩軍艦旗
Hirosaki clan naval ensign

（3）尾張藩
　　　藩主　徳川義勝(とくがわよしかつ)

　61万9千石の親藩大名で倒幕派。
　尾張藩は御三家の筆頭格でありながら戊辰戦争では紀州藩と共に水戸藩を敵に回して戦った。
　藩旗は白地横黒線二つ。軍艦旗。家紋は葵紋であるが、藩旗には使用せず、源氏由来の引両を用いた。

尾張藩軍艦旗
Owari clan naval ensign

（4）彦根藩
　　　藩主　井伊直憲(いいなおのり)

　20万石の譜代大名で倒幕派。
　藩旗は白地赤井桁紋。軍艦旗。井伊家の初代井伊共保が井戸の側に捨てられていたところを井伊八幡宮宮司に拾われたという故事から、替え紋が井戸を表す井桁になったと伝えられる。

彦根藩軍艦旗
Hikone clan naval ensign

（５）福山藩
藩主　阿部正桓（あべまさたけ）

11万石譜代大名で倒幕派。

藩旗は白地紺丸に違い鷹の羽と石餅。軍艦旗。

福山阿部家の鷹の羽には斑模様が入っている。石餅は石高の増加や長寿の印として多くの大名が替え紋として用いた。

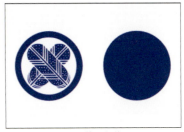

福山藩軍艦旗
Fukuyama clan naval ensign

（６）紀州藩　　（７）宇和島藩　　（８）加賀藩　　（９）久留米藩

（10）熊本藩　　（11）佐賀藩　　（12）小城藩　　（13）小倉藩

（14）松江藩　　（15）大洲藩　　（16）徳島藩

（17）福井藩

（6）～（17）の軍艦旗は前述の通り（P092～096参照）。

（18）広島藩

軍艦旗は前述の通り。

軍旗は白地に横赤線二つの四半。

広島藩軍旗
Hiroshima clan war flag

（19）土佐藩

軍艦旗は前述の通り。

軍旗は上下赤中白の四半。

土佐藩軍旗
Tosa clan war flag

（20）薩摩藩

軍艦旗は前述の通り。

軍旗は赤白上下染め分け四半。

薩摩藩軍旗
Satsuma clan war flag

（21）鳥取藩
藩主　池田輝知（いけだてるとも）

32万石の外様大名で倒幕派。

軍旗は白地紺丸に揚羽蝶紋。揚羽蝶紋は桓武平氏の定紋を大事にした織田信長から池田恒興が拝受したと伝えられる。

鳥取藩軍旗
Tottori clan war flag

3. 江戸時代後期　Edo late Period

（22）津藩
藩主　藤堂高潔(とうどうたかきよ)

27万石の外様大名で倒幕派。

軍艦旗は白地黒餅。軍旗は白地赤三筋四半。

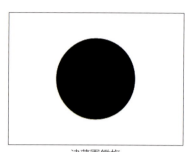
津藩軍艦旗
Tsu clan naval ensign

津藩軍旗
Tsu clan war flag

（23）長州藩
藩主　毛利元徳(もうりもとのり)

36万9千石の外様大名で倒幕派。

軍艦旗は白地黒一文字三つ星。軍旗は白赤の斜め分け。新政府軍軍旗は色を赤白2色に揃えたと見られる。

長州藩軍艦旗
Choshu clan naval ensign

長州藩軍旗
Choshu clan war flag

（24）錦旗

　錦旗は元弘の乱（1331年）の時、後醍醐天皇が官軍の大将に授与したものが最初と言われている。赤地の錦に金銀で日像・月像を刺繍したり、描いたりした長旗で朝敵討伐の証として天皇から官軍大将に与える慣わしがある。明治元年（1868）1月の鳥羽・伏見の戦いから翌年5月の五稜郭の戦いまでの戊辰戦争においても、各種の錦旗や軍旗が官軍側に与えられ、用いられた。岩倉具視が腹心玉松操に考案させた錦旗の図を大久保利通、品川弥次郎に授け、作成させたもので、日月章錦旗各二旒と菊花章紅白旗各十旒が誕生した。これらの旗類は陸軍省の游就館や宮内省図書寮などに保存されていたが、内閣では絵師浮田可成に命じ、これらの旗を克明に描写させ、正確な姿を後世に伝えることとした。浮田は明治21年5月から約2年間をかけ、17種類の旗を34枚の絵図で紙上に再現したが、それらは巻物4巻に仕立てられた。同図が含まれる「公文附属の図」は、平成10年「公文録」と共に、国の重要文化財に指定されている。

戊辰戦争　錦旗　Imperial standards with gold brocade used in Boshin War

大総督熾仁親王京都進発（明治神宮聖徳記念絵画館蔵）Imperial standards used by Prince Arisugawa Taruhito

3. 江戸時代後期　*Edo late Period*　105

(注*)

招　　き：陣旗の上部に付ける小型の流旗。
勝　　色：紺色の別称。
山　　道：旗の天地方向に蛇行して引かれた線。
四　　半：縦横の比率が三対二に近い旗。
三つ盛：同じ紋を三つ、ピラミッドの様に重ねたデザイン。
梅鉢紋：単弁の梅の花を上から見て写実的に図案化した梅花紋に対して幾何学的に図案化した家紋
こくもち：旗に印した白い円（白餅）乃至黒い円（黒餅）で「石持ち」即ち多くの石高を持つことに通じ武将にとってめでたい旗紋。
日の丸：陣旗に使われた赤色や金色の円。
胴　　黒：旗を三等分した真ん中を黒に染め分けたもの。
五色段々：北条氏康の陣旗で上から黄色、青色、赤色、白色、黒色に染め分けたもので五色は中国の五行思想に基づく。
一　　引：旗の中央に引いた横筋。
裾　　白：旗の下部を白く染め分けているもの。
切　　裂：風でひらめく様に幟の旗地を幾箇所も切り込んだもの。
丸の内に三つ引両：丸い輪の中に三本の引両を描いたもの。
引両紋：源氏、足利氏を出自とする一族に多い。鎌倉時代初期に新田氏、足利氏が将軍家の白い陣幕に遠慮して、自らの陣幕に１本線或いは２本線を引き、これが引両紋に変化していった。
黄紫紅：相模国三浦氏が使った頭文字「三」を表現する黄色、紫色、紅色の三色に染め分けた陣幕と旗で後に「三つ引両」紋に転じたと伝えられる。
七　　曜：七星で海上で羅針盤の代わりを果たした北斗七星。不慮の災害から逃れられると信じられた。
段　　々：旗地全体を等間隔に区切り、互い違いに色を変えたもの。
引両旗：旗地を２本乃至３本の帯で区切った旗。
目　　結：染色の際に穴を開けて作った布地文様で大小の正方形を組み合わせた形で表される。平安末期に近江源氏佐々木氏の紋として記録される武家紋である。
出　　し：陣旗の上部に付けた旗形式以外の飾り物。
長九曜：白餅九つを表す。九曜は九星を意味し、妙見信仰との繋がりがあり日時方角の吉凶占いに用いられた。白餅九つはこの九曜を長く縦に伸ばしたという意味。
中　　白：横三分割の旗の真ん中の帯が白い旗。
赤　　熊：「出し」の一種で輸入したヤクの毛から作られた赤いもの。
白　　熊：「出し」の一種で白いもの。
黒　　熊：「出し」の一種で黒いもの。
流　　旗：旗の上部のみに竿を通し、下部は固定しない体裁の旗。
四　　方：縦横の比率が正方形に近い旗。
作　　物：木、紙、金属など立体成形された標識。武将が陣に備える馬印として使われることが多かった。
雑　　形：作物の別称。
番　指：部隊の合印として使われた背に指す小型の識標（指物）。
使番指物：連絡役の指物。
自身指物：部隊でなく個人用の指物。
旗指物：作物ではなく旗形式の指物。
作物指物：旗形式でなく作物形式の指物。

第Ⅲ部

「近代・現代の旗章」
"Modern & Contemporary Flags"

近代：明治から昭和前半
現代：昭和後半から平成・令和

1. 軍旗・皇室旗・自衛隊旗
Military flags, Imperial family flags & Self-defense force flags

　明治政府は幕府の開国派が提唱していた富国強兵策を引き継ぎ、軍備の近代化を進めていく。明治2年（1869）に兵部省を設置し、明治5年（1872）には海軍省及び陸軍省に分離された。さらに明治11年（1878）には陸軍省から参謀本部が独立し、明治19年（1886）には参謀本部海軍部が設置され（明治26年に海軍軍令部に改称）、軍政と軍令が分離されている。両省とも当初は軍政事項と軍令事項を一元的に処理していた。軍令は、明治憲法第11条の天皇の大権としての統帥権を主たる内容とする軍の統帥に関する事務及び命令をいい、明治11年（1878）に陸軍省から天皇直属の参謀本部が独立して陸海軍共通の軍令機関となった。明治22年（1889）陸達第142号にて天皇が陸海軍の最高指揮官である大元帥となり、天皇並びに皇族旗章の多くが海軍旗章令によって規格などが定められた。帝国軍制として独立した日本空軍は存在せず、陸海軍にそれぞれ航空部隊があり、各個の軍・艦隊などに隷属し、運用されていた。

　陸軍は帽章に星章、海軍は錨章を用いたが、両軍とも旗章には日章を主なデザインとして用いた。軍旗に使用された色も限定的で白赤黒紺の4色が多く、戦国時代以来の日本の旗の伝統を継承したと言えよう。その中で旗意匠のバリエーションを付けるために「山形」と呼ばれるジグザグ形を用いたのも当時の軍旗の特徴と言える。

　明治政府成立後、制定された旗を官報掲載順に列挙する。

　明治3年5月15日太政官布告第355号陸軍御国旗並諸旗章にて、白布紅日章で16本の光芒を放つ寸法が縦4尺4寸、縦5尺の陸軍御国旗、白布紅山形の大隊旗、白布紅稲妻形の總響導の旗（そうきょうどう）、白紅布黒山形の兵器管理を担う武庫司旗、紅白布白山形の兵器製造を担う造兵司旗、紅布白山形の輜重（しちょう）を担う大小荷駄旗、紺布白山形の病院旗が定められた。

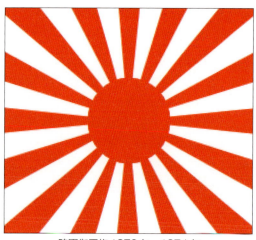

陸軍御国旗 1870 年—1874 年
Army national flag

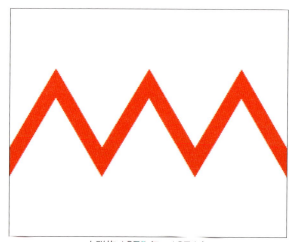

大隊旗 1870 年—1874 年
Army battalion flag

總嚮導の旗 1870年—1874年
Leader flag

武庫司旗 1870年—1875年
Ordnance flag

造兵司旗 1870年—1875年
Weapon flag

大小荷駄旗 1870年—1874年
Logistics flag

陸軍病院旗 1870年—1872年
Army hospital flag

　明治3年10月3日太政官布告第651号　海軍御旗章国旗章並諸旗章に御旗として初めて天皇旗が海軍旗章として制定された。

　錦布金日章（表面）錦布銀月章（裏面）すなわち赤地錦布の表に金の日章、同じく赤地錦布の裏に銀の月章をあしらった旗で、縦7尺8寸、横1丈1尺7寸（縦横比率2対3）、日月章の直径は縦の5分の3と規定された。

南北朝時代に起源をさかのぼり、幕末の戊辰戦争でも使われた赤地錦に金日章、銀月章をあしらった幟旗である「錦の御旗」が西洋流に横長旗に姿を変えたものと考えられる。
　さらにその後日章月章から菊花紋章に替え、現在の天皇旗に変化していった。

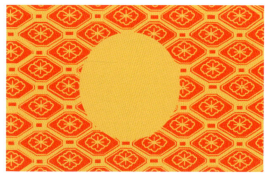

陸御旗（表）1870年―1875年
Imperial standard on naval warship (obverse)

御旗（裏）
(reverse)

　同時に皇族旗が定められた。
　御旗と同じ寸法と割合で、青地錦布に紅日章を配した旗。皇族旗は「青地錦布」とあるが、実際は青ではなく緑色である。

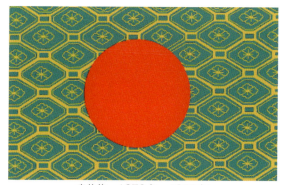

皇族旗　1870年―1875年
Imperial family standard on naval warship

　同布告により御国旗として初めて日章旗が海軍軍艦で用いられる海軍旗章として制定された。白布紅日章で縦横の寸法は御旗と同じ、日章の直径は縦の5分の3である。なお、日章旗を軍艦船首旗章として用いる場合は旗の寸法は縦6尺、横8尺と小振りとなると定められた。

御国旗 1870年―1889年（縦横比率2対3）
Naval ensign 2:3
船首旗 1870年―1945年（縦横比率3対4）
Naval jack 3:4

110　第Ⅲ部　近代・現代の旗章　*Modern & Contemporary Flags*

ついで海軍諸旗章として大将旗、中将旗、少将旗、代将旗が定められた。

大将旗は白布紅縁紅日章、中将旗は白布紺縁紅日章、少将旗は白布黄縁紅日章、代将旗は白布紅日章燕尾旗。寸法は縦6尺、横9尺で縦横比率は2対3であった。

燕尾切れ込みは横幅の3分の1。

大将旗 1870年—1871年
Admiral ensign

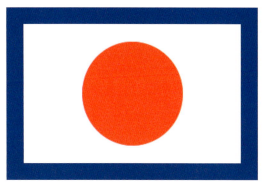
中将旗 1870年—1871年
Vice admiral ensign

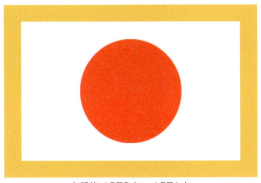
少将旗 1870年—1871年
Rear admiral ensign

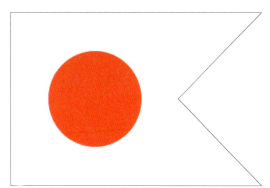
代将旗 1870年—1875年
Commodore ensign

同布告で白布紅日章を配した長旗も定められた。

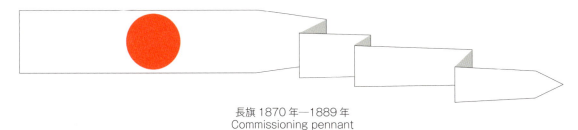
長旗 1870年—1889年
Commissioning pennant

白布紅日章紺山形の海軍附属護送船旗と白布紺隅紅日章の水路嚮導旗も定められた。国旗日の丸の四隅を紺色に染め分けた旗で、わが国における最初の水先旗として作られたが、1年後の明治4年に廃止された。海軍に限らず、港や周辺水域では船舶を安全かつ効率的に入出港させ、また航行させるために、その港や水域の事情に精通した専門家が働いており、彼らを水先人（パイロット）と呼んでる。

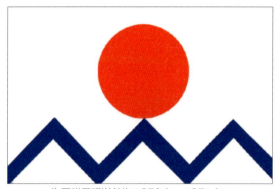
海軍附属護送船旗 1870年―1871年
Naval transport ensign

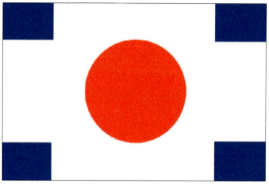
水路嚮導旗 1870年―1871年
Naval pilot call ensign

　明治4年9月15日太政官布告第473号で陸上使用の天皇旗が制定された。
　行幸の際、前駆騎兵に棒持させた緋色精好寸法は縦1尺2寸、横1尺6寸の旗。

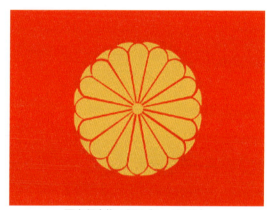
天皇行幸旗 1871年―1889年
Imperial standard on land

　明治4年11月25日太政官布告第626号海軍旗章にて海軍旗、将旗、中将脚船旗、少将脚船旗、代将脚船旗、當直旗、護送船旗、水路嚮導旗が定められた。
　海軍旗は白布紅錨紅山形二條錨ノ環櫻花ノ状、大旗寸法は縦1丈横1丈5尺。
　明治22年（1889）より海軍大臣旗として使用。
　将旗は白布紅縁紅日章、寸法は縦6尺、横9尺。小将脚船旗は白布紅縁紅日章紅二球、中将脚船旗は白布紅縁紅日章紅一球。寸法はどちらも縦3尺横4尺5寸。代将脚船旗は白布紅日章紅一球燕尾旗。当直旗は紅布白山形二條、寸法は縦6尺、横8尺。護送船旗は白布紺山形二條、寸法は縦6尺、横8尺。1889年より運送船旗、昭和7年（1932）軍用船旗に改まる。水路嚮導旗は白布紺隅で寸法は縦6尺、横8尺。

海軍旗 1871 年—1889 年
Navy flag
海軍大臣旗 1889 年—1945 年
Minister of the navy flag and ensign

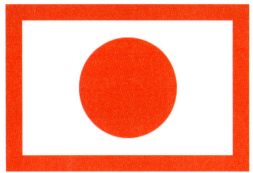

将旗 1871 年—1889 年
Naval officer ensign

中将脚船旗 1871 年—1889 年
Vice admiral boat ensign

小将脚船旗 1871 年—1889 年
Rear admiral boat ensign

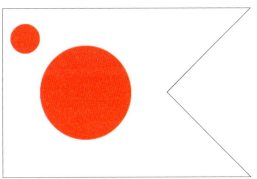

代将脚船旗 1871 年—1889 年
Commodore boat ensign

当直旗 1871 年—1945 年
Naval watcher ensign

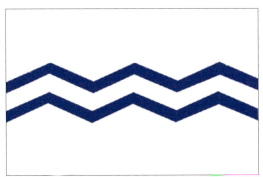

護送船旗 1871 年—1889 年
運送船旗 1889 年—1932 年
Naval transport ensign

水路嚮導旗 1871 年—1882 年
Naval pilot ensign

1. 軍旗・皇室旗・自衛隊旗　*Military flags, Imperial family flags & Self-defense force flags*　113

明治5年5月27日陸軍省達第113号にて軍医寮旗章を定めた。

大旗は白布紅四角黒山形、寸法は縦5尺、横7尺。中旗は白布紅四角で寸法は縦2尺、横2尺5寸5分。小旗は同じデザインで寸法は縦1尺2寸、横1尺5分。

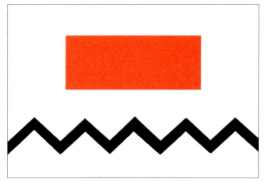
陸軍軍医寮大旗 1872年—1885年
Army hospital large flag

中旗・小旗 1872年—1885年
The middle flag and the small flag

明治5年10月7日海軍省乙第241号にて御召船蒼龍丸天皇旗が定められた。

赤色菊花御紋章金

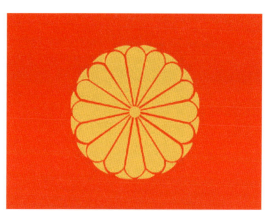
御召船天皇旗 1872年—1875年
Imperial standard at sea (Soryumaru)

明治6年4月14日太政官布告第134号にて皇太后、皇后行啓ノ節御馬車ノ旗章が定められた。地は精好、色は紫、菊花御紋章は金。寸法は縦1尺5寸、横2尺3寸。

皇太后、皇后行啓旗 1873年—1889年
Standard for the empress dowager
and the empress on land

明治6年12月24日太政官布告第416号海軍旗章令にて隊附御国旗と隊旗が定められた。

隊附御国旗は白布紅日章、寸法は縦3尺、横3尺7寸5分で日章径は1尺4寸。

隊旗は白布紅山形二條、寸法は隊附御国旗と同じ。

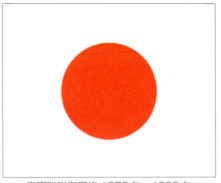
海軍隊附御国旗 1873年—1882年
Navy national flag

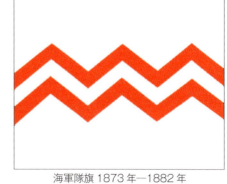
海軍隊旗 1873年—1882年
Navy squadron flag

　明治7年11月19日陸軍省達布第411号にて出征行軍輜重旗が定められた。
　赤地文字山形白染抜きで寸法は縦2尺5寸、横3尺と縦1尺、横1尺5寸の2種。

陸軍輜重旗 1874年—1885年
Army logistics flag

　明治7年12月2日太政官布告第130号陸軍歩騎砲三兵聯隊軍旗を制定。
　ただし、実際授与されたのは歩兵聯隊旗のみであった。歩兵聯隊軍旗は大きさの異なる16光芒を放つ旭日旗で金モールに紫絹糸房飾り。寸法は縦2尺6寸4分、横3尺3寸。騎砲兵聯隊軍旗は同じデザインで寸法が異なり、縦2尺4寸7分5厘、横2尺4寸7分5厘。

歩兵聯隊軍旗 1874年—1917年
Army infantry regiment color

騎兵砲兵聯隊軍旗 1874年—1896年
Army cavalry regiment color

同布告で白布紅山形の歩兵嚮導旗第一大隊旗、白布紅白黒山形の第二大隊旗、白布紅黒紅山形の第三大隊旗と同じデザインの歩兵大隊旗第一大隊旗、第二大隊旗、第三大隊旗が定められた。寸法は前者が縦1尺、横1尺6寸5分に対し後者が縦1尺4寸8分5厘、横1尺6寸5分であった。

歩兵嚮導旗 1874 年―1885 年
第一大隊旗
Infantry 1st battalion flag

歩兵嚮導旗 1874 年―1885 年
第二大隊旗
2nd battalion flag

歩兵嚮導旗 1874 年―1885 年
第三大隊旗
3rd battalion flag

明治8年12月10日太政官布告第188号にて明治3年に海軍旗章として定められた御旗と皇族旗が改変された。御旗は紅布菊御紋白、皇族旗は紺布菊御紋白となり寸法は縦7尺8寸、横1丈1尺7寸。

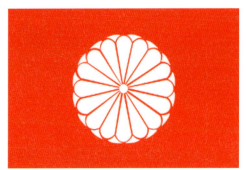

御旗 1875 年―1889 年
Imperial standard on warship

皇族旗 1875 年―1889 年
Imperial family standard on warship

明治8年2月10日海軍省達記三套第16号海軍軍医寮旗章並武庫司旗章が定められた。前者は白布隅紅で赤4分の1、白4分の2。寸法は縦7尺8寸、横1丈1尺7寸。後者は白布紅白斜黒山形二條で寸法は縦5尺、横7尺。

1881年前者は海軍病院旗、後者は海軍兵器旗に改まる。

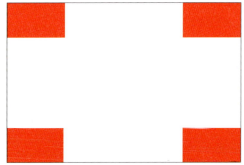

海軍軍医寮旗 1875 年―1881 年
海軍病院旗 1881 年―1904 年
Navy hospital flag

海軍武庫司旗 1875 年―1881 年
海軍兵器旗 1881 年―1945 年
Naval ordnance flag

明治15年2月22日太政官布告第13号にて海軍水路嚮導旗を廃止して新たに要招水先旗を定めた。白布紺縁紅日章で寸法は縦6尺、横8尺。国旗に他色で縁取る外国水先旗にならった旗と言えよう。

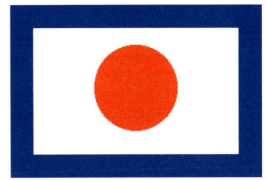

海軍要招水先旗 1882年—1914年
Navy pilot call ensign

明治18年1月17日陸軍省達第13号陸軍諸旗章が定められた。

運輸旗は白布紅山形文字黒。輜重旗は白布紅山形文字黒。病院旗は白布紅長方形黒山形。炊爨場旗は紅布白隅。軍団工具縦列旗は白布紅山形文字黒。軍団兵器弾薬縦列旗は紅布白山形文字白。軍団糧食被服縦列旗は青布白山形文字白。

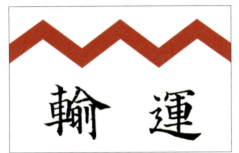

1885年陸軍運輸旗
Army transport flag

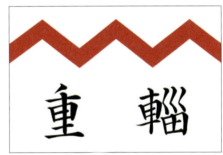

陸軍輜重旗
Army logistics flag

陸軍病院旗
Army hospital flag

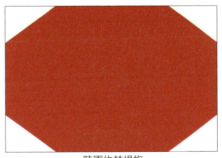

陸軍炊爨場旗
Army cook room flag

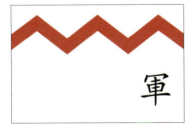

陸軍軍団工具縦列旗
Army corps tool column flag

陸軍軍団兵器弾薬縦列旗
Army corps arms/ammunition column flag

陸軍軍団糧食被服縦列旗
Army corps ration/clothing column flag

明治18年3月9日太政官布告第6号後備歩兵聯隊軍旗が定められた。

大きさの異なる16本の光芒を放つ旭日旗で金モールに紅絹糸房飾り。

陸軍後備歩兵聯隊軍旗 1885 年—1919 年
Army reserve infantry regiment color

明治18年4月18日陸軍省達乙第46号にて常備歩兵大隊旗と後備歩兵大隊旗が定められた。前者第一大隊旗は白布紅山形、第二大隊旗は白布紅黒紅山形二條、第三大隊旗は白布紅黒紅山形三條。後者第一大隊旗は白布黒山形、第二大隊旗は白布黒紅山形二條、第三大隊旗は白布黒紅黒山形三條。寸法はいずれも縦1尺4寸8分5厘、横1尺6寸5分。後に1897年常備歩兵大隊旗は歩兵聯隊大隊旗・歩兵獨立大隊旗・歩兵補充大隊旗に後備歩兵大隊旗は後備聯隊大隊旗に改まる。

常備歩兵第一大隊旗 1885 年—1897 年
Regular infantry 1st battalion flag
歩兵聯隊第一大隊旗 1897 年—1945 年
Infantry regiment 1st battalion flag
歩兵獨立第一大隊旗 1897 年—1945 年
Infantry independent 1st battalion flag
歩兵補充第一大隊旗 1897 年—1945 年
Infantry reserve 1st battalion flag

常備歩兵第二大隊旗 1885 年—1897 年
2nd battalion flag
歩兵聯隊第二大隊旗 1897 年—1945 年
2nd battalion flag
歩兵獨立第二大隊旗 1897 年—1945 年
2nd battalion flag
歩兵補充第二大隊旗 1897 年—1945 年
2nd battalion flag

常備歩兵第三大隊旗 1885 年—1897 年
3rd battalion flag
歩兵聯隊第三大隊旗 1897 年—1945 年
3rd battalion flag
歩兵獨立第三大隊旗 1897 年—1945 年
3rd battalion flag
歩兵補充第三大隊旗 1897 年—1945 年
3rd battalion flag

後備歩兵第一大隊旗 1885年—1897年
Reserve infantry 1st battalion flag
後備歩兵聯隊第一大隊旗 1897年—1945年
Reserve infantry regiment 1st battalion flag

常備歩兵第二大隊旗 1885年—1897年
2nd battalion flag
後備歩兵聯隊第一大隊旗 1897年—1945年
2nd battalion flag

常備歩兵第三大隊旗 1885年—1897年
3rd battalion flag
後備歩兵聯隊第一大隊旗 1897年—1945年
3rd battalion flag

　明治22年10月7日勅令第111号で海軍旗章が定められた。

　天皇旗は紅布金菊章で寸法は横は縦の1と2分1。皇后旗・太皇太后旗・皇太后旗は紅布金菊章の燕尾旗。寸法は横は縦の1と4分3。皇太子旗・皇太孫旗・皇太子妃旗は紅布金菊章白輪郭紅縁、寸法は横は縦の1と2分1。親王旗・親王妃旗・内親王旗・王旗・王妃旗・女王旗は白布金菊章縁紅、寸法は横は縦の1と2分1。3本マストを有する艦船用将旗は白布紅8本日章光線。寸法は横は縦の1と2分1。1897年海軍大将旗に改まる。代将旗は白布紅日章光線燕尾旗。寸法は横は縦の1と4分3で燕尾切れ込みは横幅の2分1。先任旗は紅布白日章光線で寸法は代将旗と同じ。

　軍艦旗は白布紅16本日章光線。寸法は横は縦の1と2分1。

　艦首旗は白布紅日章。縦横比率が3対4から2対3に変更された。

　長旗は白布紅16本日章軍艦旗と同一光線。

　2本マストを有する艦船用並びに陸上用海軍大将旗は白布紅8本日章光線。

　同中将旗は白布紅8本日章光線紅球1個。同少将旗は白布紅8本日章光線紅球2個。

天皇旗 1889年
Imperial standard

皇后旗・太皇太后旗・皇太后旗 1889年
Standard for the empress, the grand empress dowager and the empress dowager

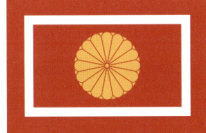
皇太子旗・皇太孫旗 1899年
皇太子妃旗 1889年—1926年
Standard for the crown prince and the eldest grandson of the emperor Standard for the crown princess

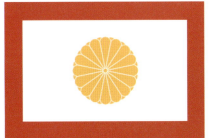
親王旗・親王妃旗・内親王旗・王旗
王妃旗・女王旗 1889年
Standard for the imperial prince,
Princess and the princess of the blood

1. 軍旗・皇室旗・自衛隊旗　Military flags, Imperial family flags & Self-defense force flags　119

艦船用将旗 1889年—1897年
Naval officer ensign
海軍大将旗 1897年—1945年
Navy admiral ensign

代将旗 1889年—1945年
Commodore ensign

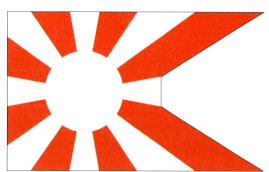

先任旗 1889年—1945年
Senior Officer ensign

軍艦旗 1889年—1945年
Naval ensign

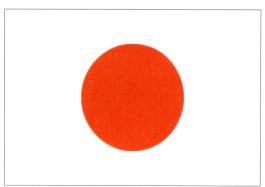

艦首旗 1889年—1945年
Naval jack

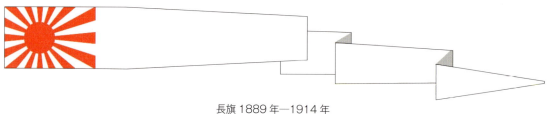

長旗 1889年—1914年
Commissioning pennant

1889年—1897年陸上用並2本以下マスト艦船用大将旗
Admiral flag on land and on two or

同中将旗
Vice admiral ensign less sail warship

同少将旗
Rear admiral ensign

明治23年3月3日陸軍省陸達第31号
陸軍官廳用船旗が定められた。
白山形黒文字入り赤白横二分割旗。

1890年—1945年
Ministry of the army ship ensign

明治24年6月8日陸軍省録達第82号にて屯田歩兵大隊旗・屯田歩兵補充大隊旗が定められた。

紅布白山形。寸法は縦1尺4寸8分5厘、横1尺6寸5分。

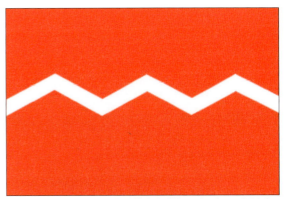

屯田歩兵大隊旗・屯田歩兵補充大隊旗 1891年—1906年
Tonden infantry battalion flag. Tonden infantry reserve battalion flag

1. 軍旗・皇室旗・自衛隊旗　Military flags, Imperial family flags & Self-defense force flags　121

明治25年陸軍測量部隊旗が定められた。
陸軍の文字黒赤白横二分割旗。

陸軍測量部隊旗 1892年—1945年
Army measurement unit flag

明治26年10月9日陸軍省陸達第99号戸山學校教導大隊旗・陸軍歩兵學校教導大隊旗が定められた。

白布紅山形紅日章10光線

戸山學校教導大隊旗・陸軍歩兵學校教導大隊旗
1893年—1945年
Toyama army academy battalion flag
Army infantry academy battalion flag

明治30年1月4日勅令第1号にて海軍旗章制定。
中将旗は白布紅8本日章光線上縁紅。寸法は横は縦の1と2分1。
少将旗は白布紅8本日章光線上下縁紅。寸法は中将旗と同じ。
司令旗は紅布白日章4本光線燕尾旗。寸法は代将旗と同じ。
工作船旗は白布紺山形上下縁紅。寸法は横は縦の1と2分1。

海軍中将旗 1897年—1945年
Vice admiral ensign

海軍少将旗 1897年—1945年
Rear admiral ensign

海軍司令旗 1897年—1945年
Commanding pennant

海軍工作船旗 1897年—1932年
Naval working ship ensign

明治30年3月3日海軍省告示第4号にて水路測量艇旗が定められた。

白布紺山形二條黒標字。寸法は横は縦の1と2分1。

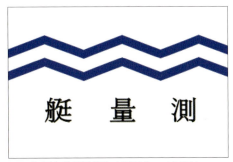
海軍水路測量艇旗 1897年—1945年
Naval measurement ship ensign

明治30年12月27日陸軍省陸達第163号にて國民歩兵聯隊大隊旗が定められた。第一大隊旗は白布紫山形一條。第二大隊旗は白布紫山形二條。

寸法は縦1尺4寸8分5厘、横1尺6寸5分。

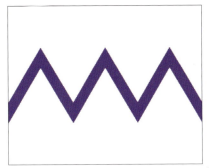
陸軍國民歩兵聯隊第一大隊旗 1897年—1945年
Army national infantry regiment 1st battalion flag

同第二大隊旗
2nd battalion flag

明治31年陸軍火薬旗が制定。
紅布

陸軍火薬旗 1898年—1945年
Army powder flag

明治33年5月21日陸軍省告示第9号にて陸軍軍用運送船旗が定められた。

白布黒山形。

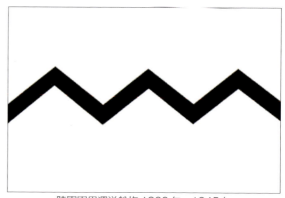

陸軍軍用運送船旗 1900 年—1945 年
Army transport ship ensign

明治 37 年（1904）日露戦争
Russo-Japanese war in 1904

明治37年1月4日勅令第2号海軍旗章令で海軍病院旗が改変された。

白布紅十字。

海軍病院旗 1904 年—1945 年
Navy hospital flag

明治39年11月1日陸軍省陸達第69号にて陸軍後備歩兵聯隊第三大隊旗が定められた。

白布黒紅黒山形三條。寸法は縦1尺4寸8分5厘、横1尺6寸5分。

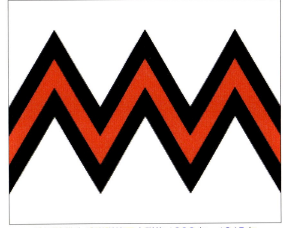

陸軍後備歩兵聯隊第三大隊旗 1906年—1945年
Army reserve infantry regiment 3rd battalion flag

明治43年準拠法は不明であるが、当時の書籍に掲載されていた陸軍関連旗章をあげる。
演習審判官旗は白布縁紅×紅。演習統監旗は紅白対角四等分。
近衛騎兵儀仗旗は白布紅稲妻形。射撃名誉旗は紅布白桜花黒交差銃。

1910年演習審判官旗
Judge of maneuver flag

演習統監旗
Governor of maneuver flag

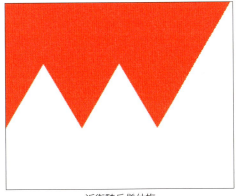

近衛騎兵儀仗旗
Imperial cavalry ceremonial flag

射撃名誉旗
Champion of shooting flag

大正3年1月30日勅令第11号にて1897年制定の海軍司令旗が改定された。白布紅日章四光線燕尾旗。寸法は代将旗と同じ。

1889年制定の長旗が改定された。白布紅日章八光線。

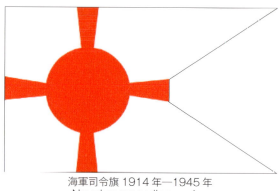

海軍司令旗 1914年—1945年
Naval commanding ensign

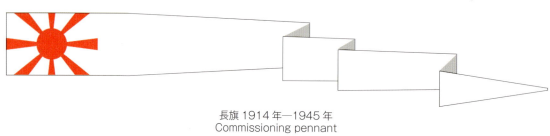

長旗 1914年—1945年
Commissioning pennant

大正15年10月27日勅令第330号海軍旗章令にて摂政旗と皇太子妃旗・皇太孫妃旗が定められた。摂政旗は紅布金菊章縁白。寸法は横が縦の1と2分1。

皇太子妃旗・皇太孫妃旗は紅布金菊章輪郭白縁紅燕尾旗。寸法は横が縦の1と4分3。

摂政旗 1926年
The Regent's standard

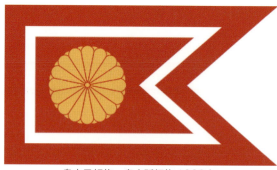

皇太子妃旗・皇太孫妃旗 1926年
Standard for the crown princess and princess of the eldest grandson of the emperor

昭和17年4月21日海軍省達第120号にて護衛船団運航統制旗が定められらた。白布紺日章四光線燕尾旗。寸法は横は縦の1と4分3。

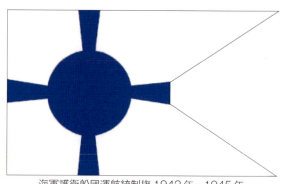

海軍護衛船団運航統制旗 1942年—1945年
Escort fleet operation control ensign

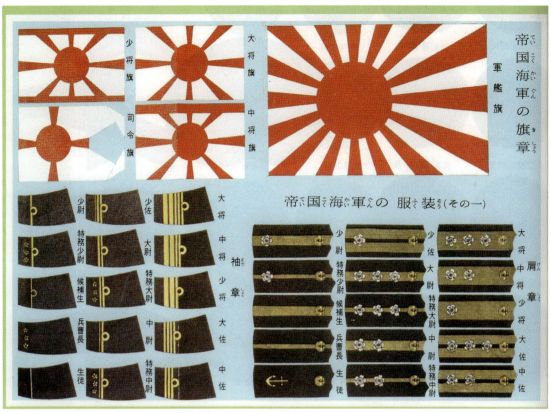

帝国海軍旗章　Imperial navy ensigns

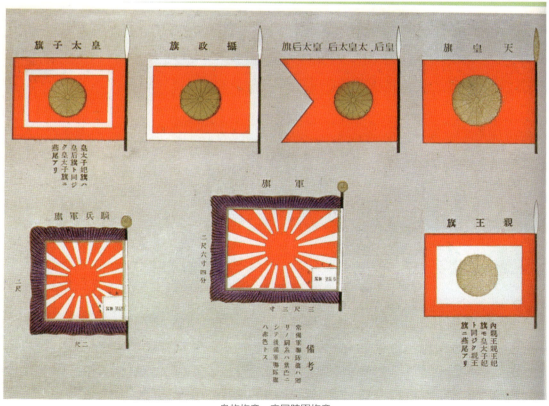

皇族旗章・帝国陸軍旗章
Royal family standards and imperial army flags

1. 軍旗・皇室旗・自衛隊旗　*Military flags, Imperial family flags & Self-defense force flags*

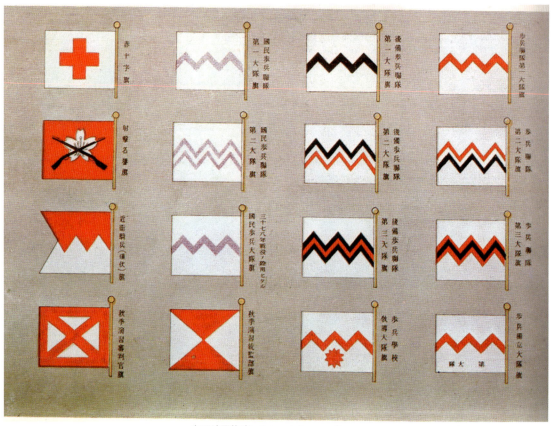

帝国陸軍旗章　Imperial army flags

海軍志願兵ポスター
Navy volunteers recruitment poster

警察予備隊、自衛隊関連の旗

　昭和20年（1945）の敗戦によってすべての軍事制度が廃止された。1947年施行の日本国憲法第9条は、戦争の放棄、戦力の不保持および交戦権の否認を規定した。しかし1950年、朝鮮戦争勃発に伴い警察予備隊が創設され、1952年海上警備隊（後に警備隊）、保安隊、1954年には保安隊と警備隊が統合され、陸・海・空自衛隊と防衛庁（現、防衛省）が発足した。その後、自衛隊は着々と増強され、冷戦後は国連平和維持活動（PKO）に参加するなど、組織の規模と行動範囲を広げながら今日に至っている。

　昭和36年に防衛庁から出版された『自衛隊10年史』によると、昭和25年8月10日警察予備隊令第260号で発足した警察予備隊で使用していた旗章として国旗、総理大臣旗及び警察予備隊の旗があったとされる。このうち警察予備隊旗は昭和26年9月11日予総発人第304号「隊旗の制定について」で8種類の旗が制定された。総隊総監旗は中心を赤とし光を黄とする旭光と平和の象徴である鳩を配した白旗。管理補給総監旗は同じく旭光と鳩を配した紺旗。管区総監旗は同じく赤旗で管区番号がローマ数字で入った旗。普通科連隊旗は同じく赤旗で連隊番号がアラビア数字で入った旗。第一管区総監隷下衛生独立大隊旗は同じく緑旗で管区番号がローマ数字で入った旗。管理補給総監隷下通信独立大隊旗は同じく紺地で下部にアラビア数字が入った旗。第三普通科連隊第三大隊旗は同じく3本の赤横線とアラビア数字が入った旗。管理補給総監隷下保安大隊旗は同じく白緑の横二分割で下部にアラビア数字が入った旗。寸法は縦80cm、横100cm。隊を代表する警察予備隊旗は制定されなかった。警察予備隊を指揮する立場にあった総理大臣旗は5個の桜花を配した濃黄色旗とされる。翌年の昭和27年7月31日保安庁法第265号で保安庁保安隊に警察予備隊は発展的解消を遂げるが、同年10月には4個の桜花を横一列に並べた濃黄色の保安庁官旗が制定された。昭和29年6月9日防衛庁設置法第164号で保安庁が防衛庁に改称され、この旗は防衛庁長官旗に改まる。

警察予備隊総隊総監旗 1951年—1953年
National police reserve (NPR) commander flag of ground component command

警察予備隊管理補給総監旗
NPR commander flag of materiel command

警察予備隊第二管区総監旗 1951年—1953年
NPR commander flag of 2nd district

警察予備隊普通科第二連隊旗
NPR infantry 2nd regiment color

第一管区総監隷下衛生独立大隊旗
1951年―1953年
NPR independent battalion flag of 1st district commander assigned medical service unit

管理補給総監隷下通信独立大隊旗
1951年―1952年
NPR independent battalion flag materiel commander assigned signaling unit

第三普通科連隊第三大隊旗
1951年―1953年
NPR 3rd infantry regiment 3rd battalion flag

管理補給総監隷下保安大隊旗
1951年―1952年
NPR battalion flag of materiel commander assigned security unit

総理大臣旗 1951年―1972年
The Prime minister flag

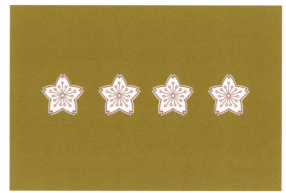

保安庁長官旗 1952年―1954年
防衛庁長官旗 1954年―1972年
Director general flag of national safety force (NSF) Defense agency (DA)

　さらに昭和28年6月15日保安庁訓令第22号「保安隊の旗に関する訓令」で保安隊の旗章が10種類定められたが、従来の警察予備隊の旗の図柄を一部変更し、旗の名称を改めた程度の変更であった。第一幕僚長旗は旭光、鳩に3個の桜花を配した白旗。昭和29年防衛庁設置後は陸上自衛隊方面総監旗となる。方面総監旗は旭光、鳩、2個の桜花に黄横線を配した白旗。管区総監旗は2個の旭光、鳩、2個の桜花の白旗。昭和29年より陸上自衛隊師団長旗となる。保安隊普通科連隊旗は警察予備隊時代と同じデザインの赤旗であるが、連隊番号は下部の白地に記された。寸法は縦87.5cm、横108.9cm。

第一幕僚長旗 1953年—1954年
陸上自衛隊方面総監旗 1954年—1972年
NSF 1st chief of staff flag
Ground self defense force (GSDF) army commander flag

方面総監旗 1953年—1954年
NSF army commander flag

管区総監旗 1953年—1954年
陸上自衛隊師団長旗 1954年—1972年
NSF district commander flag
GSDF division commander flag

普通科連隊旗 1953年—1954年
NSF infantry regiment color

　この他、団長旗、群旗、独立大隊旗、大隊旗、独立中隊旗、中隊旗も作られ、所属部隊によって異なる地色の旗が用いられた。燕尾形の中隊旗を並べて見る。これらの旗もすべて昭和29年より陸上自衛隊中隊旗となる。警察予備隊同様に保安隊は隊を代表する保安隊旗を制定しなかった。

衛生科中隊旗
Medical service company flag
保安隊　NSF 1953-1954
陸上自衛隊　GSDF 1954-1972

化学科中隊旗
Chemical company flag

総務科中隊旗
General affairs company flag

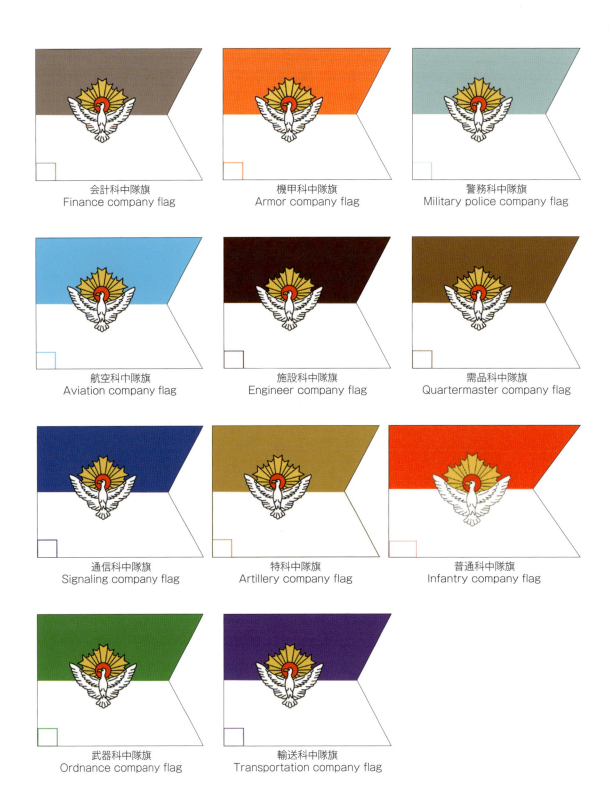

警察予備隊第一連隊旗　NPR 1st regiment color

内閣総理大臣旗　Prime minister flag

1. 軍旗・皇室旗・自衛隊旗　Military flags, Imperial family flags & Self-defense force flags　133

昭和27年7月31日保安庁法第265号で海上自衛隊の前身となる警備隊が保安庁内に設置され、同年9月1日保安庁告示第1号で「保安庁の使用する船舶の旗の制式」として警備隊船舶に掲げる旗を暫定的に国際信号旗数字旗7及びその旗の下に接着して掲げる形状及び寸法が数字旗7の旗の黄色部分に等しい黄色い長旗を制定した。7と言う数字が選ばれた理由は不明。

　昭和27年11月8日保安庁告示第2号にて「保安庁の使用する船舶の旗の制式」として隊を代表する旗が制定された。その旗は白地の中央に赤い桜花、青い横線7本を配した旗。青赤白は警備隊の指導理念である良識・精強・友愛、7本の横線は日本の主要7海峡、7つの海を表す。

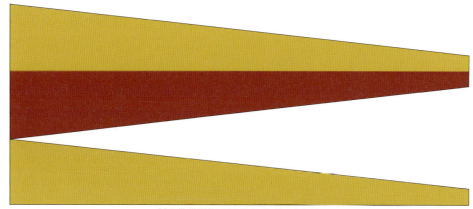

暫定警備隊旗 1952年9月—11月
Tentative ensign of safety security force(SSF)

警備隊旗 1952年—1954年
Ensign of safety security force(SSF)

　さらに昭和28年1月23日警備隊訓令第3号「警備隊旗章規定」で正式に上記の旗は「警備隊旗」として国旗、内閣総理大臣旗、保安庁官旗、第二幕僚長旗、警備監旗、警備監補旗、代監旗、船隊司令旗、掃海隊司令旗と共に制定された。

　第二幕僚長旗は3本の赤い山形を配した白旗。昭和29年に海上自衛隊海上幕僚長旗に改まる。警備監旗は真ん中が細い3本の赤い山形を配した白旗、後に海上自衛隊海将旗に改まる。警備監補旗は2本の赤い山形を配した白旗、後に海上自衛隊海将補旗に改まる。代監旗は1本の赤い山形を配した白旗で後に海上自衛隊代将旗に改まる。艦隊司令旗は2本の赤い横線を配した白燕尾旗で後に海上自衛隊船隊司令旗に改まる。掃海隊司令旗は2本の青い横線を配した白燕尾旗で後に海上自衛隊掃海隊司令旗に改まる。戦前の山形軍旗を彷彿とさせる。

警備隊第二幕僚長旗 1953年—1964年
SSF 2nd chief of staff and admiral ensign
海上自衛隊海上幕僚長旗 1954年—1956年
Maritime self defense force (MSDF) chief of staff ensign

警備監旗 1953年—1954年
SSF Vice admiral ensign
海将旗 1954年—1956年
MSDF Vice admiral ensign

警備隊警備監補旗 1953年—1954年
SSF Rear admiral ensign
海上自衛隊海将補旗 1954年—1956年
MSDF Rear admiral ensign

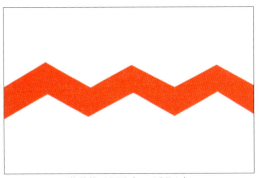

代監旗 1953年—1954年
SSF commodore ensign
代将旗
MSDF Rear admiral ensign

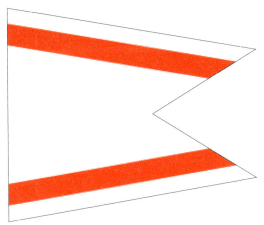

警備隊船隊司令旗 1953年—1954年
SSF commander ensign of fleet command
海上自衛隊船隊司令旗 1954年—1956年
MSDF commander ensign

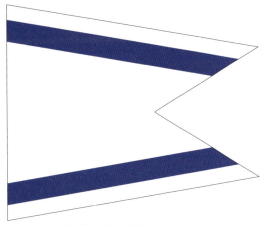

掃海隊司令旗 1953年—1954年
Commander ensign of mine sweeper
海上自衛隊掃海隊司令旗 1954年—1956年
MSDF commander ensign of mine sweeper

　昭和29年6月30日政令第179号「自衛隊法施行令」にて自衛隊旗と自衛艦旗が定められた。自衛隊旗は生地は綾錦織、地は白で日章と8本の紅色光線を持ち、旗の縁は金色で囲まれている。寸法は縦87.5cm横108.9cm日章の直径は41.5cm。自衛艦旗は旧軍の軍艦旗を継承し白地に紅色の16本の光線を有する日章を配した旗。寸法は横が縦の2分の1、日章の直径は縦の2分の1。

自衛隊旗 1954 年
Colors of JSDF

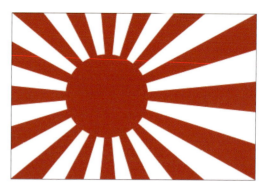

自衛艦旗 1954 年
Naval ensign of JSDF

同年陸上自衛隊陸上幕僚長旗が定められた。中心が赤い旭光、鳩、4個の桜花を配した白旗。

昭和30年12月に混成団長旗が定められた。旭光、鳩、1個の桜花を配した白旗。昭和29年に航空自衛隊が発足したが、昭和30年9月に航空幕僚長旗が定められた。翼を広げた鷲、航空自衛隊帽章、3個の桜星を配した青色旗。

同年9月17日防衛庁訓令第65号で防衛大学校校旗が定められた。

生地本絹塩瀬、地色濃青色、鳩と桜花の金色帽章に金モール金色房飾りの旗。

寸法は縦97cm、横106cm。

陸上自衛隊陸上幕僚長旗 1954 年―1972 年
GSDF chief of staff flag

陸上自衛隊混成団長旗 1955 年―1972 年
GSDF commander flag of combined brigade

航空自衛隊航空幕僚長旗 1955 年―1962 年
Air self defense force (ASDF) chief of staff flag

防衛大学校校旗 1955 年
National defense academy flag

自衛隊旗・自衛艦旗制定（昭和29年）
Colors of JSDF and Naval ensign

　昭和30年12月27日海上自衛隊訓令第44号「海上自衛隊旗章規則」で新たに海上幕僚長旗、海将旗、海将補旗、代将旗、隊司令旗、長旗、先任旗が定められた。

　海上幕僚長旗は3個の赤い桜花、縁赤の白旗。海将旗は3個の赤い桜花の白旗、海将補旗は2個の赤い桜花の白旗、代将旗は1個の赤い桜花の白旗、隊司令旗は1個の赤い桜花の白燕尾旗、この旗は昭和45年2月に隊司令旗（甲）に改まる。

　長旗は8本の赤い光線を有する日章を配した白旗。先任旗は赤い2本の横線を配した白燕尾旗。

海上幕僚長旗 1956年―1962年
MSDF chief staff ensign

海将旗 1956年
MSDF vice admiral ensign

海将補旗 1956年
MSDF rear admiral ensign

代将旗 1956年
MSDF commodore ensign

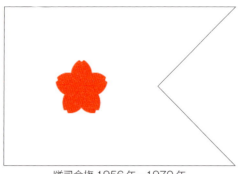

隊司令旗 1956年—1970年
MSDF commander ensign
隊司令旗（甲）1970年
Commander A class ensign

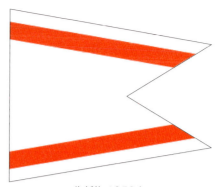

先任旗 1956年
MSDF senior officer ensign

長旗 1956年　MSDF Commissioning pennant

航空自衛隊では昭和32年9月に航空自衛隊旗が、また昭和33年10月に航空総隊司令官旗と航空方面隊司令官旗が定められた。

航空自衛隊旗は空色地に帽章デザインを配したもの。航空総隊司令官旗は空色地に翼を広げた金茶色の鷲の上に白い桜星を3個配したもの、航空方面隊司令官旗は桜星を2個配した旗。

航空自衛隊旗 1957年—1962年
ASDF flag

航空総隊司令官旗 1958年—2002年
ASDF commander flag of air defense command

航空方面隊司令官旗 1958年—2002年
ASDF commander flag of air defense division

昭和37年12月27日航空自衛隊訓令第15号で航空自衛隊旗の帽章が金色に修正された。航空幕僚長旗は帽章から鷲のみのデザインに変わり、桜星が3個から4個になった。新たに鷲に桜星2個を配した紺地の飛行教育集団司令官旗が定められた。

航空自衛隊旗 1962年—2002年
ASDF flag

航空幕僚長旗 1962年—2002年
ASDF chief staff flag

飛行教育集団司令官旗 1962年—2002年
ASDF commander flag of flying training command

昭和37年12月27日海上自衛隊訓令第29号で海上幕僚長旗が赤い桜花4個に錨及び錨索をあしらった白旗に改変された。

昭和45年2月6日海上自衛隊訓令第3号で隊司令旗を改正、「甲」「乙」の2種類に区分した。従来の隊司令旗が隊司令旗（甲）となり、（乙）旗は2本の赤い横線を配した白燕尾旗となった。

海上幕僚長旗 1962年
MSDF chief staff ensign

隊司令旗（乙）1970年
MSDF commander B class ensign

昭和47年3月14日防衛庁訓令第3号「自衛隊の旗に関する訓令」で内閣総理大臣旗、防衛庁長官旗、指揮官旗、隊旗が改変された。

　内閣総理大臣旗は5個の金色の桜花を配した海老茶色地の旗で陸上用が縦横比率4対5、艦船用は2対3となる。防衛庁長官旗は5個の銀色の桜花を配した海老茶色地の旗。陸上幕僚長旗は4個の金色の桜花、褐色で縁取りした濃黄色の陸上自衛隊帽章を配した白地色の旗。方面総監旗は3個の桜花、師団長旗は2個の桜花、旅団長旗は1個の桜花に濃黄色の横線、団長旗は1個の桜花をあしらった白旗。

内閣総理大臣旗　1972年—2001年
The Prime minister flag

防衛庁長官旗　1972年—2001年
Director general flag of defense agency

陸上幕僚長旗 1972年
GSDF chief staff flag

方面総監旗 1972年-2004年
GSDF army commander flag

師団長旗 1972年-2004年
GSDF division commander flag

旅団長旗 1972年—2004年
GSDF brigadier flag

団長旗 1972年-2004年
GSDF brigade commander flag

第Ⅲ部　近代・現代の旗章　Modern & Contemporary Flags

さらに群旗は陸上自衛隊帽章に3本の横線、大隊旗は2本の横線、中隊旗は1本の横線が入る。黄色が地色の特科を例に群旗、大隊旗、中隊旗を並べる。

陸上自衛隊特科群旗
GSDF artillery group flag

特科大隊旗
Artillery battalion flag

特科中隊旗
Artillery company flag

陸上自衛隊は15の部隊区分の地色が定められている。次に各部隊の群旗を並べるが、横線は3科を除き白で地色は次の通り。
普通科：赤、機甲科：橙、特科：濃黄、横線赤、航空科：あさぎ、施設科：海老茶、通信科：青、武器科：緑、需品科：茶、輸送科：紫、化学科：金茶、警務科：銀ねずみ、会計科：銀茶、衛生科：濃緑、空挺科：白、横線あさぎ、その他科：白、横線赤。

普通科群旗
Infantry group flag

機甲科群旗
Armor G flag

特科群旗
Artillery G flag

航空科群旗
Aviation G flag

施設科群旗
Engineer G flag

通信科群旗
Signaling G flag

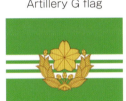
武器科群旗
Ordnance G flag

需品科群旗
Quartermaster G flag

輸送科群旗
Transportation G flag

化学科群旗
Chemical G flag

警務科群旗
Military Police G flag

会計科群旗
Finance G flag

衛生科群旗
Medical Service G flag

空挺科群旗
Airborne G flag

他科群旗
Other Units G flag

昭和48年11月27日防衛庁訓令第60号にて防衛医科大学校校旗が定められた。地色は濃青色、金色帽章、金モールに金色房飾りをあしらった旗。帽章は平和を象徴する鳩と医学のシンボル蛇杖が国を守る若人を表す桜の若葉で支えられているもので、日本の独立と平和を守り、医学の研鑽に励むことを意味している。寸法は縦77cm、横106cm。

防衛医科大学校校旗 1973年
National defense medical academy flag

　昭和55年7月1日陸幕人計第266号にて予備自衛官のシンボルとして、召集訓練等における団結の強化に資する目的で予備自衛官標旗が定められた。
　藍色地に白円の中の銀ねずみ色の5角星に金色の桜花をあしらった旗。
　同年7月18日防衛庁訓令第31号で統合幕僚会議議長旗が定められた。
　地色は赤紫色、4個の桜星は濃黄色、議長章の中心は黄色、桜花は白色、旭光及び飾玉は金色、その他の部分は青色。寸法は縦90cm、横117cm。艦船用の旗は縦横比率が2対3となる。平成18年3月27日防衛庁訓令第12号により幕僚長旗に改まる。

予備自衛官標旗 1980年
GSDF reserve flag

統合幕僚会議議長旗 1980年—2006年
Chairman flag of joint staff council
統合幕僚長旗 2006年
Chief staff flag of joint staff

　平成元年3月10日航空自衛隊安全管理規則第27号にて飛行安全名誉旗と地上安全名誉旗が定められた。前者は中央に金色の翼を広げた鷲をあしらった緑白の横二分割旗。後者は中央に緑十字の上に金色の航空自衛隊帽章をあしらった白旗。

飛行安全名誉旗 1989年
ASDF flight safety honor flag

地上安全名誉旗 1989年
ASDF ground safety honor flag

平成13年1月6日防衛庁訓令第3号にて内閣総理大臣旗並びに防衛庁長官旗が改変された。内閣総理大臣旗は地色が海老茶色から紫色となった。寸法は縦80cm横100cmで艦船用は縦横比率が2対3となる。

　防衛庁長官旗は地色がえんじ色で5個の金色桜花をあしらった旗で従来の内閣総理大臣旗を継承したもの。平成19年1月5日防衛庁訓令第1号にて防衛大臣旗に改まる。

内閣総理大臣旗 2001年
The Prime minister flag

防衛庁長官旗 2001年―2007年
Director general flag of defense agency
防衛大臣旗 2007年
Minister of defense flag

　平成13年5月18日防衛庁訓令第63号にて航空自衛隊旗、航空幕僚長旗が改変され、その他指揮官旗並びに編制部隊旗が定められた。

　航空自衛隊旗は地色は空色、航空自衛隊帽章は金色になった。寸法は縦87.5cm、横108.9cm。航空幕僚長旗は地色は空青色、4個の桜星及び鷲の図から変わった帽章は白色となった。寸法は縦90cm、横117cm。指揮官旗のうち空将の部隊長旗は航空幕僚長旗と寸法もデザインも同じで白色桜星が3個。航空総隊司令官旗、航空方面隊司令官旗、航空混成団司令旗、航空支援集団司令官旗、航空教育集団司令官旗、航空開発実権集団司令官旗として用いる。空将補の部隊長旗は寸法もデザインも同じで白色桜星が2個。航空団司令旗、第83航空隊司令旗、航空警戒管制団司令旗、航空救難団司令旗、飛行開発実験団司令旗、航空医学実験隊司令旗、航空安全管理隊司令旗として用いる。

航空自衛隊旗 2001年
ASDF flag

航空自衛隊航空幕僚長旗 2001年
ASDF chief of staff flag

航空自衛隊空将部隊長旗 2001 年
ASDF lieutenant general commander flag

航空自衛隊空将補部隊長旗 2001 年
ASDF major general commander flag

同時に編制部隊旗、編制単位群部隊旗、編制単位部隊旗も定められた。

編制部隊旗「甲」は編制上1佐を長とする部隊で地色は空青色、帽章、桜星、横線及び桜花桜葉模様は白色で白色2本線の旗。編制部隊旗「乙」は編制上2佐を長とする部隊で桜花桜葉模様に白色1本線の旗。編制部隊旗「丙」は編制上3佐を長とする部隊で桜花桜葉模様の旗。編制部隊旗「丁」は編制上1尉以下を長とする部隊で桜花桜葉模様の地色なしの旗。寸法は編制部隊旗が縦85cm、横111cm、編制単位群部隊旗が縦75cm、横98cm、編制単位部隊旗が縦65cm、横85cm。

編制部隊旗「甲」2001 年
ASDF organization corps unit A flag

編制部隊旗「乙」2001 年
ASDF organization corps unit B flag

編制部隊旗「丙」2001 年
ASDF organization corps unit C flag

編制部隊旗「丁」2001 年
SDF organization corps unit D flag

平成14年3月29日防衛庁訓令第39号にて防衛庁副長官旗が定められた。
　地色は海老茶色で金色の桜花を4個あしらった旗。寸法は縦80cm、横100cm、艦船用は縦横比率は国旗と同じく2対3となる。平成19年より防衛省副大臣旗に改まる。
　同年4月25日陸幕人計第151号にて予備自衛官補のシンボルマークとして、招集教育訓練等における団結の強化に資する目的で予備自衛官補標旗が定められた。地色は水色、中央の緑円の中に淡黄色の桜花、その上に赤色の影を付けた黄色文字RCをあしらった旗。寸法は縦75cm、横95cm。

防衛庁副長官旗 2002-2007 年
Vice director general flag of defense agency
防衛省副大臣旗 2007 年
Vice minister of defense flag

呼び自衛官補標旗 2002 年
GSDF recruit flag

　平成16年10月12日防衛庁訓令第75号にて陸上自衛隊指揮官旗が改変された。方面総監旗は地色白色、3個の金色桜星、濃黄色帽章に濃黄色の横線が加えられた。師団長旗は桜星が2個から3個に増えた。旅団長旗、団長旗はそれぞれ桜星が1個から2個に増えた。

陸上自衛隊方面総監旗 2004 年
GSDF army commander flag

師団長旗 2004 年
GSDF division commander flag

旅団長旗 2004 年
GSDF brigadier flag

団長旗 2004 年
Brigade commander flag

平成19年の自衛隊法改正により、新たに「共同の部隊」が創設され、これに伴い平成20年3月25日防衛省訓令第12号にて共同の部隊旗が制定された。

　地色は赤紫色、白色の桜花の中心は黄色、後部に銀色の旭光及び赤色の3本の横線をあしらった旗。寸法は縦85cm、横105cm。共同の部隊隷下部隊旗「甲」は同じデザインで寸法が縦75cm、横95cm。共同の部隊隷下部隊旗「乙」は赤色の2本の横線で同じ寸法の旗。

共同の部隊旗　共同の部隊隷下部隊旗「甲」2008年
JSDF cooperation unit flag cooperation unit assigned unit A flag

共同の部隊隷下部隊旗「乙」2008年
JSDF cooperation unit assigned unit B flag

　平成21年8月28日防衛省公報第1082号にて情報保全隊司令旗が定められた。地色は赤紫色、白色桜花の中心は黄色、銀色の旭光、上部に金色の2個の桜花をあしらった旗。翌年の平成22年4月に新設された陸上自衛隊音楽科、後方支援科、情報科部隊旗が定められた。

　音楽科群旗は地色桜色、金色の陸上自衛隊帽章に紺青色3本横線の旗。

　後方支援科群旗は地色藍色、金色の帽章に白色3本横線の旗、情報科群旗は地色水色、金色の帽章に金色3本横線の旗。

　それぞれ大隊旗は横線2本、中隊旗は横線1本となる。

陸上自衛隊情報保全隊司令旗 2009年
GSDF commander flag of
intelligence service command

陸上自衛隊音楽科群旗 2010年
GSDF military band group flag

陸上自衛隊後方支援科群旗 2010年
GSDF logistic support group flag

陸上自衛隊情報科群旗 2010年
GSDF military intelligence group flag

自衛隊旗の特徴としては、その前身である警察予備隊、保安隊時代は警察と同様の旭光を主なデザインとし、平和の象徴である鳩をあしらった旗であったが、自衛隊発足と共に自衛隊旗、自衛艦旗は戦前同様に日章のデザインに改まった。

　海外の軍旗を見ると、陸軍は交差した剣、海軍は錨、空軍は鳥翼を旗のモチーフとし、ランク・フラッグは星の数でその階級を表す国が大変多い。これに対して自衛隊は戦前に存在しなかった航空自衛隊のみが海外空軍旗に多い両翼を広げた鷲を旗に配しているが、先述のように陸上自衛隊、海上自衛隊ともに日章を使い、交差した剣や錨は用いていない。ランク・フラッグについても陸上自衛隊、海上自衛隊、航空自衛隊それぞれ星の替わりに桜の花を用いている。

　正確には陸上自衛隊は桜花と桜葉リースから構成される帽章が、航空自衛隊は鳥翼が、海上自衛隊は海上幕僚長旗にのみ錨章が加わる。国花である桜花を中心に置いたわが国固有の旗章体形となっている。

　＜海外軍旗事例＞

オランダ陸軍旗
Dutch army flag

オランダ海軍旗
Dutch navy flag

オランダ空軍旗
Dutch air force flag

オランダ海軍中将旗
Dutch navy vice admiral ensign

オランダ海軍少将旗
Dutch navy rear admiral ensign

オランダ海軍代将旗
Dutch navy commodore ensign

　皇室典範退位特例法第三条により明仁天皇は、2019年（平成31年）4月30日に退位し、翌令和元年5月1日より「上皇」となった。

　同年6月6日大正天皇陵を参拝した際に上皇旗が初めて掲げられた。新たに作られた上皇旗は中央に16弁八重表菊花紋章を配した深紅の旗となった。

上皇旗　2019年6月
Standard of the Emperor Emeritus

2. 行政旗
Service Flags & Ensigns

　明治政府成立後、西洋諸国に対抗し、産業・資本主義の育成により国家の近代化を推進し、国民生活の向上と利便を図る目的で西洋諸国に習い、わが国に中央官公庁が設置され多くの官僚が誕生した。中央官公庁の管轄業務を徹底遂行するために組織に関わる旗章と役割機能に関わる旗章もまた多く制定されてきた。
　これらの旗章を時系列で網羅した上で、内閣府官房政府広報室作成による官公庁組織図に示されている現在機能している42の中央官公庁で使用されている旗章を網羅する。「行政」と言う言葉には官公庁と共に地方公共団体が含まれるので、次に都道府県並びに特別区・市町村の旗章についても概観する。

（1）明治3年1月27日太政官布告第57号　日本船籍商船に掲げる国旗
　明治政府は太政官布告第57号「商船規則」で日本国籍の船に掲げる旗として、国旗日の丸を定めた。商船規則は西洋型商船の取り締まりのための日本初の船舶規則で、江戸幕府の方針を継いで、日の丸を日本船籍を示す船舶旗としての国旗と規定し、寸法を定めて掲揚を義務付けた。国旗の縦横の比率は7対10、日の丸の直径は縦幅の5分の3で、その位置は100分の1だけ旗竿よりと規定された。右旗竿。
　ちなみに太政官とは明治前期の最高官庁で民部、大蔵、兵部、刑部、宮内、外務の6省を管轄下に置いていた。明治18年内閣制度の発足に伴い廃止された。

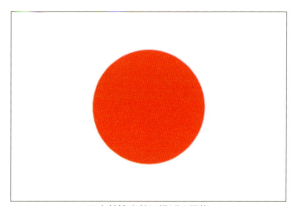

日本船籍商船に掲げる国旗
National flag for merchant vessel in 1870

（2）同布告第57号　日本商船記（旗）
　政府は同時に商船が掲げる印として日本商船記（旗）を定めた。
　右旗竿で、デザインは中央に日の丸を配した白色、黒色、白色の横三分割旗。
　この色順は源氏縁の「中黒」で徳川幕府が日本国の国旗として一時提案していたデザインである。
　同年10月3日太政官布告第651号「海軍御旗章国旗章並諸旗章」で日の丸を海軍軍艦に掲げる

御国旗であり、艦首旗章と定めたため、日本商船旗は外国の商船旗と異なり、国籍旗替わりではなく、軍艦との区別のための旗で国籍旗、商船旗両方を掲げる必要があった。海軍で用いる日の丸のデザインは布告第57号とは異なり縦横比率は2対3で日の丸の位置は旗の中心であった。

日本商船旗は掲揚場所が足りず、掲げない船が多かったこと、商船は各自の社旗を掲げており、日本商船旗がなくても区別がつくことなどを理由に制定5年後の明治8年に廃止された。

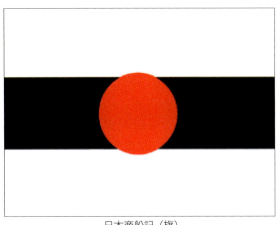

日本商船記（旗）
Civil ensign for merchant vessel in 1870

（3）明治3年12月2日太政官布告第884号　工部省御艦旗

工部省は明治政府の官庁の一つで、民部省から独立し、明治3年10月に設置され、鉄道、造船、鉱山、製鉄、電信、灯台など殖産興業を支えたインフラ整備を行ったが、明治18年内閣制度発足と共に工部省は廃止され、鉄道事業は鐵道省、電信・灯台事業は逓信省、その他の事業は農商務省に分割統合された。布告第884号で中央に紅色で工部省の頭文字である漢字の「工」の字を配した白旗を工部省御艦旗及び工部省製作所旗と定めた。

工部省御艦旗
Ensign of ministry of industry vessel and flag for the factory in 1870

工部省関連業務を遂行する目的でいくつか旗章が作られた。

（4）工部省附属船電信丸舳柱旗

電信を表す赤色の稲妻を配した白色の三角旗を舳に付けた正方形の日の丸。

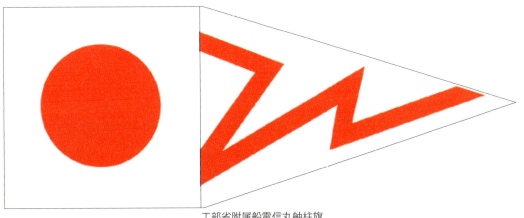

工部省附属船電信丸舳柱旗
Jack of ministry of industry vessel Denshin-Maru

2. 行政旗　Service Flags & Ensigns　149

(5) 工部省測量標旗

　ホイスト上部を赤色、フライ下部を白色に斜めに染め分け、フライ下部に工部省の頭文字、漢字の「工」を黒字で配した旗。

　個々の地籍調査と土地丈量は民部省の事業として行われたが、広範囲の地図測量は明治3年に民部省から独立した工部省で行われ、明治4年に測量司が設置された。

工部省測量標旗
Ministry of industry surveying flag

(6) 工部省鉄道建築測量標旗

　ホイストを白色、フライを赤色とした縦二分割旗。

工部省鉄道建築測量標旗
Ministry of industry railway architects surveying flag

(7) 明治4年10月27日太政官布告第557号　税関旗

　安政元年（1854）にわが国は日米和親条約締結により開国し、政府は諸外国との貿易を推進するため安政6年（1859）に長崎、神奈川（横浜）、箱館（函館）港に輸出入貨物の監督や税金徴収などを業務とする運上所を設置した。

　明治5年（1872）に「税関」と改称され大蔵省の管轄となった。

　政府はその前年に布告第557号で右旗竿で紺色のサルタイアー（X十字）と中央に日の丸を配した白旗を各開港場税関並びに艦船及び附属船旗章と定めた。この旗がわが国最初の税関旗であった。わが国の税関旗を考案するに当たり、当時の隣国清国とロシアのそれぞれ緑地に黄色いサルタイアー、緑地に白色のサルタイアーの税関旗を参考に、水路嚮導旗（後記(8)）と同じく海を象徴する紺色のサルタイアーとし、同一デザインの1712年に制定されたロシア帝国海軍旗と区別するために中央に日の丸を配したとも考えられる。

　大蔵省は明治2年から平成13年まで存在した財政、通貨、金融に関する事務を管轄した中央官庁で、中央省庁再編により財務省と金融庁となった。

税関旗
Ministry of industry railway architects surveying flag

清国税関旗
Chinese customs ensign

ロシア税関旗
Russian customs ensign

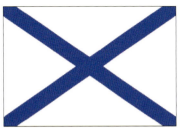
ロシア海軍旗
Russian naval ensign

(8) 明治5年11月29日太政官布告第626号　水路嚮導旗

布告第626号「海軍旗章規則」で水路嚮導旗を白布紺隅と定めた。

この旗は前年制定された初代水路嚮導旗から日の丸を除去したものであった。

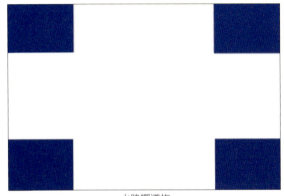

水路嚮導旗
Pilot ensign in 1872

(9) 明治5年3月5日開拓使制定　開拓使艦船用旗章

明治3年9月の太政官布告で、外国形運送船には国旗と所轄省府藩県の符号旗を掲げることと定められ、開拓使で樺太との海上運送を開くにあたり、開拓使附属船を軍艦ほかと区別するために開拓使艦船用旗章を制定し、大蔵・外務両省及び神奈川、兵庫、長崎、新潟の開港4県に通知した。旗は中央に赤色の太めの五稜星を配した青色旗で、北海の夜に輝く北辰の星（北極星）を表す。この旗の考案者は明治5年に開拓使御用係りとなり、樺太丸船長を命ぜられた蛯子末次郎と伝えられる。

開拓使とは北海道開拓とロシアの極東進出に対抗することを目的として、明治2年7月に設置された明治政府の一機関で、明治15年2月に廃止され、札幌県、函館県、根室県に分割されるまでの13年間に北海道の開拓に与えた影響は非常に大きく、開拓使が行った様々な官営事業・学校の経営は現在の北海道の産業・文化の発展に大きく貢献した。

開拓使艦船用旗章
Ensign of colonization office vessel in 1872

（10）明治5年8月14日開拓使訓令第61号　開拓使消防ポンプ旗章

　札幌の開発が盛んになってくると開拓使の建物も増え、失火で焼失する懸念も増大し、開拓使は消防ポンプ係りを設置し、厳重に見回りを行った。

　開拓使消防ポンプ旗章はホイストに漢字で「開拓使」と白く記し、フライに赤色の北辰の星を配した青色旗。

開拓使消防ポンプ旗章
Colonization office fire pump flag in 1872

（11）明治5年8月14日開拓使訓令第61号　開拓使消防ポンプ附属旗章

　附属旗章は右旗竿で傾いた北辰の星を配した青色旗。

開拓使消防ポンプ附属旗章
Colonization office fire pump attached flag in 1872

（12）明治5年11月3日太政官布告第329号　日本国郵便蒸気船会社旗章

　開国後、日本沿岸は米国、英国船が進出し、横浜、神戸、大阪などを結ぶ主要航路を独占、これに対抗し海運の近代化をはかるべく、政府は明治3年に三井組の支援を受け、半官半民の回漕会社である共同運輸会社を設立。さらに明治4年に廃藩置県が断行されると、官有となった諸藩所有の西洋型船を回漕会社に払い下げ、日本国郵便蒸気船会社を新発足させた。政府補助あるいは為替会社から融資を受け、郵便物や貢米の輸送を主要業務として営業を開始した。主要路線は東京・大阪であったが、東京・宮古・函館の不定期航路も開始された。国内各港へ郵便物を配送する業務を行う船に会社社旗が掲げられた。白色地の中央に社名頭文字の漢字「日」を赤字で図案化した旗。この旗は上海航路を開設した三菱商会の岩崎弥太郎に政府が海運事業の経営を任せ、明治8年に合併して郵便汽船三菱会社に改称するまで使用された。さらに競合していた三井系国策会社である共同運輸会社と明治18年合併し、日本郵船会社が発足した。わが国最初の郵便旗と考えられる。この経緯が今なお、三菱グループの海運事業をつかさどる同社が「三菱」名を社名に冠しない理由となっている。

　わが国の郵便事業は明治4年に宿駅制度をつかさどる駅逓司の管轄で創業され、その後明治18年に農商務省から駅逓信局と官船局、工部省から電信局と燈臺局を継承した逓信省が管轄となった。

　初代逓信大臣は榎本武揚。

日本国郵便蒸気船会社旗 1872年
Ensign of Japan postal mail steamship company vessel in 1872

郵便汽船三菱会社旗
Postal mail steamship Mitsubishi company flag and ensign

共同運輸会社旗（1）

共同運輸会社旗（2）

Kyodo transportation company flag and ensign A, B

(13) 明治6年3月大蔵省制定　税関旗

　明治4年に制定されたわが国最初の税関旗が廃止され、税関所属船には無地赤旗が使用されることになった。

税関旗
Ensign of customs vessel in 1873

(14) 明治6年6月20日開拓使制定　開拓使病院旗

　開拓使は病院も開設し、病院旗を掲揚するように命じ、明治6年6月に指令を出している。病院旗は右旗竿で旗竿上部を白色の北辰の星を配した赤色地、下部を青色地に染め分けた斜二分割旗。

開拓使病院旗章
Colonization office hospital flag in 1873

2. 行政旗　*Service Flags & Ensigns*　153

(15) 明治6年10月開拓使制定　開拓使本庁旗章

　明治2年に発足した開拓使の本庁は独立した庁舎を持っていなかったため、民部省内や東京芝の増上寺に間借りしていたが、明治5年開拓使札幌本庁と改称され、明治6年10月札幌に白亜三層楼の本庁が落成し、開拓使本庁旗が掲げられた。開拓使本庁旗は中央に赤色の北辰の星を配した白色旗。開拓使本庁旗は本庁ばかりではなく、各支庁、開拓使官営工場でも使用されていた。ちなみに開拓使醸造所の後身が現在のサッポロビールであり、今でもビールのラベルに北辰の星（五稜星）が輝いている。

　開拓使では祝祭日には本庁屋上に国旗を掲げ、平日は開拓使本庁旗を掲げていたが、明治11年1月政府の方針と経費節減から、掲揚を取りやめることになった。

開拓使本庁旗章
Flag of colonization main office in 1873

(16) 明治6年11月9日太政官布告第372号　開拓使保任社用船旗章

　明治5年1月に創設された保任社は、開拓使所有の「北海丸」を貸与され、官費の補助を受けた半官半民の海運会社で、また日本で最初の海上保険を扱ったことでも知られている。明治7年4月経営不振により会社は解散した。

　保任社用船旗章は右旗竿で中央に赤色と白色から構成される二重の北辰の星を配した白旗。

開拓使保任社用船旗章
Ensign of colonization office Honinsha vessel in 1873

(17) 明治7年7月27日大蔵省制定　税関所属小船用旗章

　明治6年制定の赤旗税関旗は、火薬運搬船に用いられる旗章と紛らわしいという理由で廃止され、新たに黒字で「税關」と記された白旗に変更された。

税関所属小船用旗章
Ensign of customs small vessel in 1874

(18) 明治8年3月8日内務省地理寮令第30号　地理寮測量標旗

明治政府は土地制度と租税制度の改革に取り組み、地籍調査と地籍測量を開始、明治3年に民部省地理司を設置、明治6年に設置された内務省内の地理寮で明治7年より本業務が引き継がれた。

内務省地理寮測量標旗は右旗竿で旗竿上部を赤色、下部を白色に染め分けた斜二分割旗。

民部省は明治2年に太政官に設置された省庁の一つで国内行政を管轄したが、明治6年に廃止となり、新たに設置された内務省として地方行財政、警察、土木衛生などの国内行政を担った。

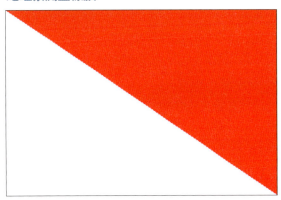

内務省地理寮測量標旗
Home ministry
geospatial information office surveying flag in 1875

(19) 明治9年4月29日開拓使制定　開拓使札幌学校旗章

明治5年3月東京芝の増上寺に開拓使仮学校を設立、明治8年7月札幌に移し、校名を札幌學校に改称、開拓使札幌本庁学務局所管となった。

校旗は右旗竿でホイスト上部に赤色の北辰の星、下部に黒字で「札幌學校」と記した白旗。札幌學校は同年8月14日に札幌農学校（後身が北海道帝国大学予科）に改称されたので、この旗の使用はわずか3カ月であった。

開拓使札幌学校旗章
Colonization office Sapporo college flag in 1876

(20) 明治10年1月29日工部省訓令甲第一号　官許水先船旗章

明治8年に太政官布告により水先制度が創設された。

水路嚮導旗は海軍軍艦用として使われてきたが、明治10年に一般の船舶も対象に、港湾や内海において行き交う外航船や内航船の船長を補助し、船舶を安全かつ効率的に導く官許水先船で用いる旗章を定めた。

上部に黒字で「官許水先」と記した白色、赤色の横二分割旗を制定。

白色と赤色の使用は20年前の1857年英国で考案された国際信号旗の中の「水先人乗船中」を意味する白色、赤色の縦2色のH旗をモデルにした可能性が高い。

官許水先船旗章
Ensign of chartered pilot vessel in 1877

（21）明治12年7月内務省海港虎列剌病傳染豫防規則第4条　検疫信号旗

　検疫とは、特定の国や施設に出入りする人、輸出入される動物や植物及び食品や飼料等、その他、生物を原材料とする物品や生物が含まれる可能性のある土壌・岩石などを一定期間隔離した状況に置いて、伝染病の病原体などに汚染されているか否かを確認、検査することで、当時は内務省の管轄。

　検疫を行うための検疫艇で検疫旗として黄色無地旗が使用された。

　これがわが国最初の検疫旗である。1857年に英国で考案された国際信号旗の「検疫に関する通行許可を求める」信号を意味する黄色無地正方形のQ旗がモデルと考えられる。

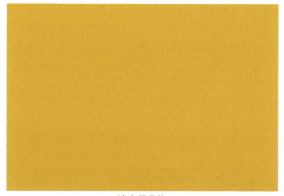 

検疫信号旗　　　　　　　　　　　　国際信号旗Q旗
Signal ensign of quarantine vessel in 1879　　　International code of signals "Q" flag

（22）明治14年2月大蔵省制定　税関附属船旗章

　明治7年の税関旗に関する定めを廃棄し、新たな定めを策定した。

　平常時に税関附属の西洋型小蒸気船に用いる旗は縦横比率が37対61の日の丸。

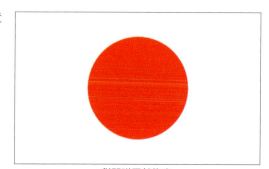

税関附属船旗章
Ensign of customs Western style small steamship under non-weather in 1881

（23）明治14年2月大蔵省制定　税関附属船旗章

　風雨等の折、税関附属の西洋型小蒸気船に用いる旗は縦横比率が2対3の日の丸。

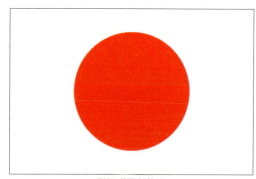

税関附属船旗章
Ensign of customs Western style small steamship under weather in 1881

(24) 明治14年2月大蔵省制定　税関附属船旗章

税関附属の日本型小船及びバッテーラ（小舟）に用いる旗は中央に黒字で「税關」と記した白旗。

税関附属船旗章
Ensign of customs Japanese small vessel and bateira in 1881

(25) 明治15年2月22日太政官布告第13号　要招水先旗

明治5年に制定した海軍海路嚮導旗を廃止し、新たに要招水先旗を定めた。

旗は周囲に海を表す青色のボーダーを配した日の丸。

当時海外主要国の水先船旗章は国旗に白色のボーダーを付けた旗が多く用いられたが、日の丸は白地であるため、この様式はフォローできず、青色ボーダーに替えられたものと推察される。

要招水先旗
Pilot call ensign in 1882

英国水先船旗
British pilot ensign

オランダ水先船旗
Dutch pilot ensign

ドイツ水先船旗
German pilot ensign

(26) 明治17年6月23日太政官布告第15号　郵便徽章

明治5年に制定した日本国郵便蒸気船会社旗が廃止され、新たに中央に赤色の横縞を有した日の丸を制定した。

郵便徽章
Postal flag & ensign in 1884

(27) 明治18年日本郵船会社社旗

　明治8年三菱商会は日本国郵便蒸気船会社を合併し、郵便汽船三菱会社に改称したが、その後、半官半民の三井系海運会社である共同運輸会社と激烈な競争を行ってきたが、共倒れを避けるため明治18年に両社は合併し、日本郵船会社が誕生した。新会社の社旗は「二引の旗」と呼ばれ、白地に引かれた赤色2本線は郵船汽船三菱会社と共同運輸会社を象徴し、さらに地球横断と社運の発展を願う思いが込められている。

明治18年 日本郵船会社社旗
Nippon Yusen Kaisha flag and ensign in 1885

(28) 明治18年12月逓信省制定　逓信省燈臺局徽章

　日本で最初の洋式灯台は明治2年に観音崎に建造された。

　灯台事業を管轄してきた工部省が明治18年に廃止され、当該事業は逓信省燈臺局に移管された。

　燈臺局旗は中央に白字で局名を、上部に逓信省を表す片仮名の「テ」を記した赤旗。

　逓信省は明治18年に内閣創設に際して発足した中央官庁で、農商務省から駅逓局と管船局、工部省から電信局と灯台局を承継した。

　昭和24年に廃止され、郵政省となった。

逓信省燈臺局徽章
Flag of ministry of communications lighthouse office in 1885

(29) 明治19年11月16日逓信省告示第99号　逓信省燈臺局附属船旗章

　明治18年に作られた燈臺局旗に続き、燈臺局附属船で用いる旗章を制定した。旗はカントンに日の丸、フライに白色の燈台のシルエットを配した青色旗。当時軍事同盟を結んでいた英国の国旗をカントンに配した青色地の燈臺旗のデザインに似ている。

逓信省燈臺局附属船旗章
Ensign of ministry of communications lighthouse office vessel in 1886

英国燈臺旗
British light house ensign

(30) 明治19年11月27日逓信省告示第104号　逓信省電信工業使用旗章

　電信工業使用旗はホイスト上部からフライ下部に赤色の稲妻、ホイスト下部に逓信省の頭文字でローマ字の「T」を黒字で配した白色旗。

逓信省電信工業使用旗章
Flag of ministry of communications telecommunications industry in 1886

(31) 明治20年2月21日逓信省公報　逓信省郵便徽章

　明治17年制定の逓信省郵便徽章を廃止し、新たに赤色で逓信省の頭文字である片仮名の「テ」を中央に配した白色旗。これにより、前年明治19年に定められた電信工業使用旗にある逓信省を示すローマ字「T」がわずか1年で変更となった。ちなみに当時日本の統治下にあった明治31年に制定された臺灣総督府の郵便徽章も良く似たデザインであった。ただし、大正5年に日本の郵便徽章旗と同一デザインに変更された。

　臺灣総督府は日清戦争の結果、清国から割譲された台湾を統治するために明治28年に台北市に設置された官庁で、初代総督は樺山資紀海軍大臣。総督官房、文教局、財務局、鉱工局、農商局、警務局、外事局、法務局から構成され、昭和20年終戦と共に廃止された。

　郵便事業を管轄した逓信省は昭和18年に運輸通信省へ統合され、戦後の昭和21年に名称を復活させたが、昭和24年に郵政省と電気通信省に分割され、平成13年に郵政省は中央省庁再編により総務省郵政企画管理局と郵政事業庁に再編され、その後平成15年日本郵政公社、平成19年より民営化され日本郵政グループとなっている。

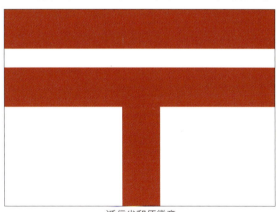

逓信省郵便徽章
Ministry of communications postal flag and ensign in 1887

明治31年―大正5年
「臺灣総督府郵便徽章」 Taiwan postal flags

大正5年―昭和20年

2. 行政旗　Service Flags & Ensigns　159

(32) 明治25年8月3日大蔵省告示第37号　税関所属船旗章

　明治14年に制定された3種類の税関附属船旗を廃止し、新たに税関所属船に用いる旗を制定した。当初はこの旗は海上のみで使用されたが、今日では陸上の税関建物でも使われている。

　中央に日の丸、ホイスト上部を白色、下部を青色に染め分けた斜二分割旗。

　税関旗の白色の部分が陸地、青色の部分が空と海を表し、その接点に税関があることを意味し、赤丸は日の出を表している。

　税関は現在は財務省関税局の地方支部局という位置づけになり、北は函館から南は沖縄まで全国に9カ所存在する。

税関所属船旗章
Ensign of customs vessel in 1892

(33) 明治31年7月8日勅令第139号　開港港則第5条　港長旗

　港長は端艇には港長旗を掲揚することが定められた。

　旗は白色地に赤色でHarbor Master（港長）の英語頭文字である「H」をほとんど旗全体に配したもので、正確には検疫専用の艇旗ではなく、港長旗として検疫時にも使用されたもので、その港における権限者の象徴であり、後の検疫艇旗とはいささか異種のものと解される。この旗は検疫実施機関の所管が大正13年税関、昭和16年海務局、昭和18年海運局へとそれぞれ移管された際も引き継いで使用されて来た長い歴史を持つ。

　ちなみに勅令とは日本においては天皇が発した法的効力のある命令を意味する。

港長旗
Harbour master ensign in 1898

(34) 明治32年7月25日内務省訓令第27号　水上警察巡回用汽船及短艇旗章

　水上警察旗は太陽を表す赤色の旭日章、人を表す黒色の横帯、人民を保護することを示す赤色の片仮名の「ホ」の字から構成される白旗。

　ちなみに明治43年当時日本の統治下にあった臺灣総督府警察旗は赤色の旭日章のない、黒帯と片仮名の「ホ」の字から構成される白旗であった。

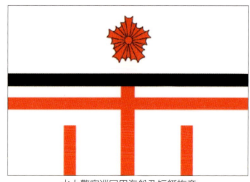

水上警察巡回用汽船及短艇旗章
Ensign of water police patrol steamship and boat in 1899

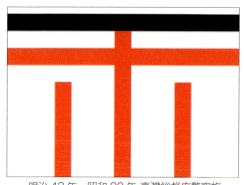

明治43年―昭和20年 臺灣総督府警察旗
Taiwan Police flag 1910-1945

(35) 明治39年2月15日勅令第21号　韓国統監府官庁及び統監乗船船舶旗章

　韓国統監府は第二次日韓協約に基づき、大韓帝国の外交権を掌握した日本が漢城に設置した官庁で初代統監は伊藤博文。明治43年10月1日、韓国併合により、大韓帝国政府組織と統合の上、朝鮮總督府に改組された。

　韓国統監旗は陸上、海上で使用された旗でカントンに日の丸を配した水色旗。

　旗の水色は正義、公明、博愛を表し、統監旗としては好適な色とされた。

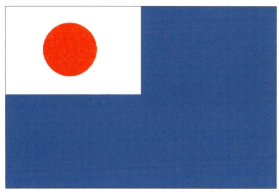

韓国統監府官庁及び統監乗船船舶旗章
Flag and on board vessel ensign of
Japanese resident-general of Korea in 1906

(36) 明治43年10月1日朝鮮總督府告示第12号　航路標識管理所所属船旗章

　外航路標識視察船に掲揚する旗は白地に赤色で漢字の「光」を表示のものと定められた。

　朝鮮總督府は明治43年の韓国併合により日本領となった朝鮮を統治するために京城に設置された官庁で政務総監、総督官房と総務部、内務部、度支部、農商工部、司法部の5部が設置されていた。初代総督は第18代内閣総理大臣の寺内正毅で総督府は昭和20年終戦と共に廃止された。

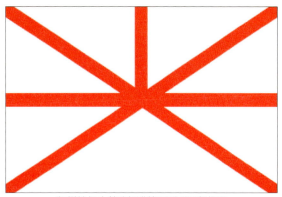

朝鮮總督府航路標識管理所所属船旗章
Ensign of governor-general of
Korea beacon management office vessel in 1910

(37) 明治43年11月11日朝鮮總督府告示第45号　朝鮮總督府税関所属船旗章

　中央に交差した黒線を有する赤色、白色、赤色の縦三分割旗。

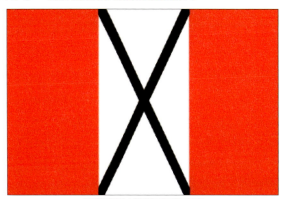

朝鮮總督府税関所属船旗章
Ensign of governor-general of Korea customs vessel
in 1910

(38) 明治45年1月28日　白瀬南極探検隊開南丸旗章

白瀬矗(のぶ)・陸軍中尉率いる南極探検隊が日本人として初めて南極・大和雪原に到達した時、「開南丸」のメインマストに掲げられていた旗。青色地に4つの白色の五稜星を黄色い線でダイヤモンド形に結んだ旗で南十字星旗とも呼ばれ、固い団結と信頼を表している。明治期の哲学者である三宅雪嶺が旗を考案した。その後も南極観測は続けられ、現在は文部科学省下の独立行政法人である国立極地研究所が行っている。南極観測船「しらせ」は文部科学省の予算で建造所有され、艦運用は海上自衛隊が行っている。防衛省の表記は「砕氷艦」。

白瀬南極探検隊開南丸旗章
Ensign of Shirase Antarctic expedition vessel
Kainan-maru in 1912

(39) 明治45年5月23日逓信省告示第500号　逓信省通信管理局海事部用船旗章

中央に逓信省の徽章とU字を赤色で配した白旗。

逓信省通信管理局海事部用船旗章
Ensign of ministry of communications
communications management
board maritime office vessel in 1912

(40) 大正2年4月1日農商務省告示第102号　漁業取締及び調査用農商務省使用船旗章

農商務省下で密漁を防止、水産資源を保護する業務を遂行する漁業取締及び調査船が用いた旗。旗は右旗竿で中央に藍色で水章を配した白色旗。漁業取締船とは密漁などを防止、摘発し水産資源を保護する目的で管轄省庁が所有または傭船して運用する船舶を意味する。

農商務省は明治14年に設置された中央官庁で主に農業、林業、水産業、商工業を管轄し、明治政府の殖産興業政策の一翼を担った。

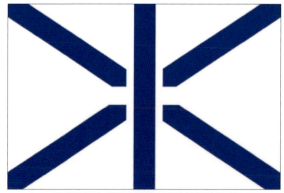

漁業取締及び調査用農商務省使用船旗章
Ensign of ministry of agriculture and commerce
fishery control and inspection vessel in 1913

(41) 大正2年10月18日逓信省告示第759号　逓信省海底電線敷設船旗章

　明治19年制定された逓信省電信工業旗章に似たデザインで、稲妻は同じ赤色であるが、旗の地色が白色から濃青色に、また下部の逓信省徽章がローマ字の「T」から片仮名の「テ」に変わっている。

　告示第759号に旗竿位置の明記はないが、明治19年制定旗章とはデザインが左右逆なのでおそらく右旗竿であったと推測される。

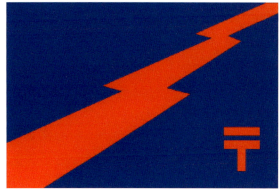

逓信省海底電線敷設船旗章
Ensign of ministry of communications cable-laying vessel in 1913

(42) 大正2年内務省制定　海港検疫所用船旗章

　新たに制定された検疫船旗は中央に検疫所の頭文字である「検」の文字を篆書体黒字で、周囲に黄色いボーダーを配した白旗。黄色は国際信号旗のQ旗に由来すると考えられる。

海港検疫所用船旗章
Ensign of seaport quarantine vessel in 1913

(43) 大正3年逓信省制定　水先船旗章

　明治10年制定の水先船旗から上部にあった「官許水先」の文字を取り除いた白色と赤色の横二分割旗。

水先船旗章
Ensign of pilot vessel in 1914

2. 行政旗　*Service Flags & Ensigns*　163

(44) 大正9年5月15日制定　鐵道省並びに鐵道省附属汽船旗章

　大正9年に工部省、逓信省、内閣鐵道管理局管轄を経て鐵道省が鉄道や運輸行政を管轄するために設置され、昭和18年に運輸通信省に改組されるまで存続した。

　鐵道省旗は鉄道事業を開始し、明治18年に廃止となった工部省の頭文字である漢字の「工」の字を鉄道のレールの形に図案化した赤色の徽章を中央に配した白色旗。

鐵道省並びに鐵道省附属汽船旗章
Flag and on board steamship ensign of ministry of railways in 1920

(45) 大正9年7月16日農商務省告示第165号　漁業取締及調査船旗章

　大正2年に制定した漁業取締及調査用の農商務省附属船に掲げる旗を廃止し、従来の青色の水章を太くし、白い縁取りを配した赤旗。

農商務省漁業取締及調査船旗章
Ensign of ministry of agriculture and commerce fishery control and inspection vessel in 1920

(46) 大正10年8月1日農商務省告示第184号　輸出入植物取締用植物検査官乗船旗章

　紺色と黄色の横二分割旗。紺色は空と海、黄色は国際信号旗のQ旗と同じ色で検疫を表している。

農商務省輸出入植物取締用植物検査官乗船旗章
Ensign of ministry of agriculture and commerce import export plant control plant inspector on board vessel in 1921

(47) 昭和2年10月内務省社会局制定　安全旗

　中央に緑十字を配した白色旗で安全を象徴する旗。

　もともとは大正8年に安全週間実施のための発起人会で蒲生俊文氏が提案したマークを昭和2年内務省全国工場監督官主任会議席上で国として安全運動のシンボルマークとして使用することが了承され、その後、広く安全週間など、安全に関する行事の際に掲揚されることとなった。安全意識を高揚させる目的で常時掲揚している事業場も増えた。

安全旗
Safety flag in 1927

(48) 昭和2年12月2日朝鮮總督府告示第405号　朝鮮總督府監獄旗章

　朝鮮總督府監獄で使用された旗は赤色黒色2本の横線と赤色4本の縦線を配した白旗。刑務所の「刑」の文字をかたどったもの。

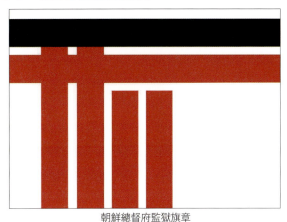

朝鮮總督府監獄旗章
Prison flag of governor –general of Korea in 1927

(49) 昭和3年1月27日朝鮮總督府告示第25号　漁業取締及調査用朝鮮總督府所属船旗章

　カントンに水色と紺色から構成される水章、フライ下部に赤字で「朝鮮總督府」名を配した白色旗。

漁業取締及調査用朝鮮總督府所属船旗章
Ensign of governor-general of Korea fishery control and inspection vessel in 1928

2. 行政旗　*Service Flags & Ensigns*　165

（50）昭和4年3月15日兵庫県告示第135号　漁業取締用内務部使用船旗章

　藍色の水章と中央に白色の縁取りをした赤字で図案化した兵庫県の漢字・頭文字「兵」の字を配した白色旗。

兵庫県漁業取締用内務部使用船旗章
Ensign of Hyogo Prefecture fishery control
home affairs department vessel in 1929

（51）昭和4年4月14日臺灣總督府告示第50号　輸出入植物取締用植物検査員乗用船旗章

　右旗竿で中央に赤色「台」字を配した藍色と黄色の横二分割旗。
　大正10年に制定された藍色と黄色の横二分割旗である日本の輸出入植物検査員乗船旗をモデルとしている。

臺灣總督府輸出入植物取締用植物検査員乗用船旗章
Ensign of governor-general of Taiwan import export
plant control plant inspector on board vessel in 1929

（52）昭和5年9月18日南洋廳告示第13号　南洋廳所属水産調査船旗章

　中央に赤色で水章を配した白色旗。
　南洋廳は第一次世界大戦終戦後の大正8年に締結されたヴェルサイユ条約によって日本の委任統治領となった旧ドイツ領の南洋群島に大正11年に設置された施政機関。所在地は現パラオ共和国のコロールで初代長官は手塚敏郎防備隊民政部長。長官官房、内務部、財務部、拓殖部が置かれた。朝鮮總督府、台灣總督府、樺太庁と共に南洋廳は昭和4年に海外統治事業の管轄のため設置された拓務省の管轄下に置かれたが、終戦後の昭和23年消滅した。

南洋廳所属水産調査船旗章
Ensign of government office of
South Pacific mandate fishery inspection vessel in 1930

(53) 昭和8年8月15日満洲国民政部訓令第542号　漁業保護旗

日本の支援で1932年大同元年に首都を長春として成立した満洲国の漁業保護旗は赤色、白色、赤色の横三分割旗で横縞は1対2対1の比率であった。満洲国は2年後の1934年に溥儀が皇帝として即位し、満洲帝国に移行した。終戦と共に昭和20年に消滅した。

満洲国漁業保護旗
Ensign of Manchukuo ministry of
civil affairs fishery protection vessel in 1933

(54) 昭和8年逓信省制定　水先船旗

　大正3年に制定された白色と赤色の横二分割旗の水先船旗を廃止して、1857年英国で考案された国際信号旗の「水先人乗船中」を意味するH旗と同じ白色と赤色の縦二分割旗に変更した。ただし、H旗は縦幅と横幅が同一の正方形旗。

　現在、水先人は管轄省庁である国土交通省が行う国家試験を経て国家資格である水先人免許が必要となる。業務は海峡や内海水域を通って船舶を港の入口付近まで操縦するベイ・パイロットと呼ばれる航行業務と港の入口付近から港内の岸壁まで船舶を操縦するハーバー・パイロットと呼ばれる港内業務に分かれるが、いずれも小型水先案内船が使われ、現在日本には35水先区が存在する。水先人は水先法により、各地の水先人会に所属して活動するが、全国組織として日本水先人会連合会がある。

　水先人を必要とする船舶は青色と黄色の縦ストライプの国際信号旗Gを掲げ、水先人が乗船中の船舶は国際信号旗Hと同じ白色、赤色縦2色旗を使用する。

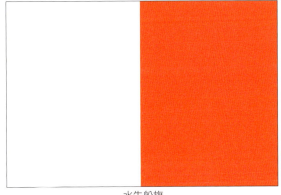

水先船旗
Ensign of pilot vessel in 1933

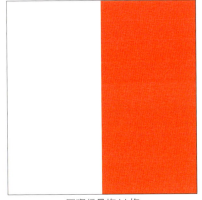

国際信号旗H旗
International code of signals "H" flag

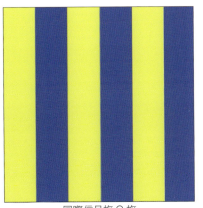

国際信号旗G旗
International code of signals "G" flag

(55) 昭和9年10月3日満洲帝国財政部布告第8号　税関所属船舶旗章

青色のサルタイアーの中心に赤色の門の中に小さなサルタイアーを配した黄色旗。朝鮮總督府税関旗もそうであるが、税関旗にサルタイアーを使うのはわが国の初代税関旗デザインが影響していると見受けられる。

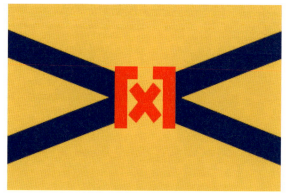

満洲帝国税関所属船舶旗章
Ensign of Empire of Manchukuo
ministry of finance customs vessel in 1934

(56) 昭和9年宮城県告示第110号　漁業取締船舶用旗章

旗は中央に宮城県の頭文字である漢字「宮」の字を黒字で白色の円の中に描き、白色の縁取りを付けた青色の「水」の字を大きく配した赤旗。

宮城県漁業取締船舶用旗章
Ensign of Miyagi Prefecture fishery control vessel in 1934

(57) 昭和10年12月7日農林省告示第408号　農林省營林局及營林署所属船舶旗章

旗は中央に營林局及び營林署を表す赤色の図案化した「林」の字を配した白旗。

大正14年に農商務省が商工省と農林水産業を管轄する農林省に分かれ、昭和53年に農林水産省に改称された。

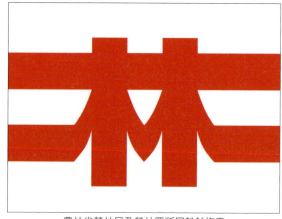

農林省營林局及營林署所属船舶旗章
Flag and regional forestry vessel ensign of ministry of agriculture and forestry in 1935

(58) 昭和10年9月15日制定　満洲帝国郵便旗章

郵便旗は中央に中国語のYuを90度回転させた日本の郵便旗と同じ赤色と白色の2色旗であった。

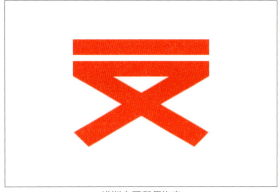

満洲帝国郵便旗章
Postal flag and ensign of Empire of Manchukuo in 1935

(59) 昭和11年5月15日臺灣總督府告示第63号　臺灣總督府交通局海事出張所旗章

旗は中央に赤色で臺灣總督府の頭文字である「台」字の中にU字を組み入れた白旗。

臺灣總督府交通局海事出張所旗章
Flag and ensign of governor-general of Taiwan transportation office maritime branch in 1936

(60) 昭和11年8月13日逓信省告示第1972号　逓信省海底電線敷設船旗

大正2年に制定した旗の赤色の稲妻と逓信省徽章は替えずに、地色を濃青色から白色に替えた旗。

逓信省海底電線敷設船旗
Ensign of ministry of communications cable-laying vessel in 1936

(61) 昭和14年蒙疆聯合自治政府制定　郵便旗章

　昭和14年日本の支援で内蒙古の張家口に成立した蒙疆聯合自治政府の郵便旗は日本の郵便旗と同じ赤色と白色の2色で、中央に鶏の羽根を赤色で配した白旗。

　蒙疆聯合自治政府は昭和20年日本の敗戦と共に消滅した。

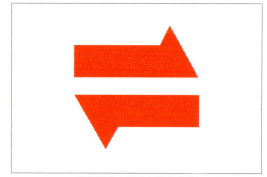

蒙疆聯合自治政府郵便旗章
Postal flag of Mengjiang united autonomous government in 1939

(62) 昭和15年農林省告示第612号　漁業取締及調査用農林省使用船舶旗章

　旗は中央に白色の縁取りをした青色の水章を配した白色、赤色、白色の横三分割旗。

　現在の漁業取締管轄は農林水産省水産庁で取締船を6隻所有し、30隻を民間からチャーターして北海道、仙台、新潟、境港、神戸、福岡の全国6地区にある漁業調整事務所を基地に活動している。

　水産庁漁業監視官が漁業取締船に乗り込み、違反操業がないか24時間海域を監視する。排他的経済水域をめぐり漁船を停船させ、立ち入り検査（臨検）を行うなど、対象は密漁の他に日本政府から正式に操業許可を受けた外国船による操業日誌不実記載の違反も含まれる。被疑者の逮捕から検察官への送致といった刑事手続きができる資格を有し、警察や海上保安庁と相互に協力関係を保ち漁業取締を遂行している。

漁業取締及調査用農林省使用船舶旗章
Ensign of ministry of agriculture and forestry fishery control and inspection vessel in 1940

(63) 昭和20年12月連合国軍総司令部日本商船管理局指令　日本船舶旗章

　第二次世界大戦終戦後、日本は連合国軍総司令部（GHQ）の占領下に入り、指令により、国旗日の丸の掲揚が原則禁止された。祝日に限定し、特例としての国旗掲揚許可を経て、昭和24年元旦より国旗日の丸の自由掲揚が認められるようになった。戦争で大半を失い、わずかに残った日本船舶も連合国軍総司令部内に置かれた日本商船管理局の管理下となった。

　昭和20年12月から管理局指定の旗を掲げることになった。その旗は国際信号旗の中で「本船は右に針路変更中」を意味するE旗の変形の燕尾旗であった。この旗は昭和26年9月8日のサンフランシスコ講和条約締結後の昭和27年3月31日まで使われた。

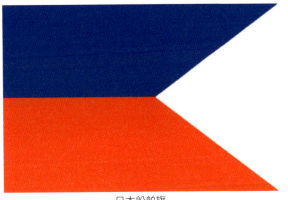
日本船舶旗
Civil ensign of Japanese vessel in 1945

国際信号旗 E 旗
International code of signals "E" flag

（64）昭和21年連合国軍総司令部日本商船管理局指令　日本船舶旗

　在外邦人の帰還輸送でアメリカ船を借りて日本人が運航する船には、国際信号旗の中の「海中へ転落者有り」を意味するO旗のホイスト下部の黄色を緑色に替えたO旗変形旗が昭和27年3月31日まで使用された。

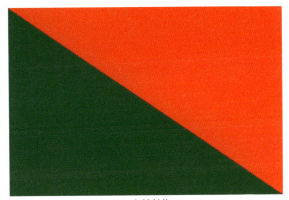
日本船舶旗
Civil ensign of American vessel operated
by Japanese in 1946

国際信号旗 O 旗
International code of signals "O" flag

（65）昭和23年4月8日厚生省訓令第7号　検疫所用船舶旗章

　旗は中央に検疫を意味する黄色字で検疫の英文Quarantineの頭文字である「Q」を旗面いっぱいに配した白旗。

　厚生省は昭和13年に内務省から分かれ、医療・保健事業を管轄する中央省庁として設置された。平成13年に中央省庁再編により、労働省と統合し厚生労働省となった。

検疫所用船舶旗章
Ensign of quarantine vessel in 1948

2. 行政旗　Service Flags & Ensigns　171

（66）昭和23年4月30日海上保安庁政令第96号　海上保安庁旗

　第二次世界大戦終戦後、昭和23年に連合国軍占領下の日本において洋上警備、救難及び交通の維持を担当する文民組織として当時の運輸省外局として海上保安庁が設立された。灯台が逓信省から海上保安庁の管轄に移管され、灯台に海上保安庁旗が掲げられた。海上保安庁旗は旗の中央に白色のコンパスを配した紺青色旗。コンパスの稜線は地色と同じ。

　旗の縦横比率は5対8で、コンパスの高さは旗の縦幅の2分の1。

海上保安庁旗
Flag and ensign of Japan coast guard in 1948

（67）昭和24年11月18日山口県告示第666号　山口県水産試験場所属船旗章

　旗の中央に2本の赤色の横線と山口県の漢字・頭文字である「山」の字を白色で記し、青色の水章の中に配した白旗。

山口県水産試験場所属船旗章
Ensign of Yamaguchi Prefecture fishery experiment station vessel in 1949

（68）昭和25年6月1日琉球列島米国軍政府布令第2号　琉球船舶旗

　第二次世界大戦終戦後、米国統治下の沖縄の国際法上の地位が不安定で、通常公海を航行する船舶は常時国旗を掲げることと定められているが、米国旗、日本国旗共に掲揚できない状態であった。琉球列島米国軍政府は昭和25年になって「注意せよ、本船は操縦困難である」と言う意味を持つ国際信号旗の「D」旗の右3分の1を三角に切り取った旗を琉球船舶旗に決定し、船舶での掲揚を義務付けた。この琉球船舶旗は昭和42年6月30日まで使われた。

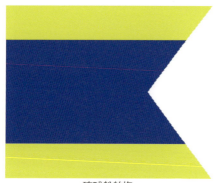

琉球船舶旗
Civil ensign of Ryukyu vessel in 1950

国際信号旗D旗
International code of signals "D" flag

(69) 昭和26年5月28日海上保安庁告示第16号　海上保安庁旗

　海上保安庁附属船舶や灯台にも掲げられる海上保安庁旗のコンパスの高さが従来の縦幅の2分の1から3分の2に変更、大きくなった。

海上保安庁旗
Flag and ensign of Japan coast guard in 1951

(70) 昭和26年11月30日佐賀県告示第662号　佐賀県漁業取締船旗章

　旗は中央に赤色の横線の上に青色の水章を配した白色旗。

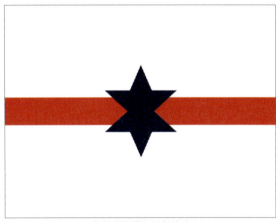

佐賀県漁業取締船旗章
Ensign of Saga Prefecture fishery control vessel in 1951

(71) 昭和27年10月5日法務省訓令第5号　入国管理局旗章

　昭和27年8月に入出国管理、外国人登録、難民認定等外国人関連の行政事務を管轄する部局が外務省から法務省へ移管された。

　法務省入国管理局旗は中央の赤色の旭日章の中の紺青色の空間に白字で入国管理事務所の英文名Immigration Agencyの頭文字「IA」を配した白旗。

　法務省の起源は明治維新後の明治2年に設置された刑部省、また前身は明治4年に設置された司法省。昭和27年に法務省と改称され、法秩序の維持、国民の権利擁護、出入国管理などを管轄している。

法務省入国管理局旗章
Flag of ministry of justice immigration agency in 1952

(72) 昭和27年運輸省制定　運輸省航海訓練所旗

　旗は中央に赤色の航海のシンボルであるコンパスを配した白色旗。

　昭和18年に逓信省と鉄道省を統合し運輸通信省が設置された。

　戦後、昭和20年に組織が巨大すぎるため通信事業を切り離し、運輸省に改組された。平成13年に中央省庁再編により建設省、国土庁、北海道開発庁と統合して国土交通省となった。

運輸省航海訓練所旗
Flag and ensign of ministry of transport institute of sea training in 1952

(73) 昭和28年運輸省制定　運輸省第二港湾建設局旗章

　昭和20年に創設された運輸省の中の地方支分部局で横浜市に置かれた港湾関連建設業務を平成13年運輸省解散まで管轄した部署。

　中央に2本の赤色の波線と黒色の港の中に置かれた錨を配した白色旗。

運輸省第二港湾建設局旗章
Flag and ensign of ministry of transport 2nd port construction bureau in 1953

(74) 昭和28年労働省制定　労働衛生旗

　昭和28年に労働省が公募して緑地に白色の十字を中央に配した労働衛生を象徴する旗が制定された。昭和2年に制定された安全旗とは色が真反対になる。その後、全国労働衛生週間や労働衛生に関する行事の際に掲揚されることとなった。

　昭和22年に労働者の福祉と職業の確保、国民生活の安定に寄与することを任務として労働省が設置された。平成13年に中央省庁再編に伴い、厚生省と統合して厚生労働省となった。

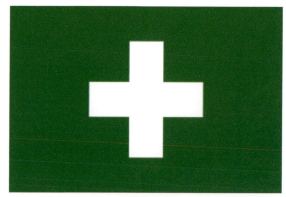

労働衛生旗
Industrial health flag in 1953

174　第Ⅲ部　近代・現代の旗章　*Modern & Contemporary Flags*

(75) 昭和29年4月20日琉球政府内政局告示第11号　税関所属船旗章

　中央に琉球税関帽章を配した白色と青色の斜二分割旗。帽章は14葉と鷲は金色で縁取り、琉球税関の漢字・頭文字「琉関」は赤色使用。

　白色と青色の斜二分割は明治25年に制定された日本の税関旗がモデルとなっている。

琉球政府税関所属船旗章
Ensign of Ryukyu customs vessel in 1954

(76) 昭和29年6月16日厚生省訓令第3号　検疫所用船舶旗章

　昭和23年に制定された検疫用船舶旗は当時の社会経済情況から定められた図柄の染色加工ができず、黄色と白色の布を縫合して調製されていて、本船その他から識別が困難であったため制定から6年で廃止となった。

　新しい旗はカントンに検疫を表す「Q」の字を濃紺で配した黄色と濃紺色の横二分割旗。黄色は万国共通の検疫を、濃紺色は海と空を表現している。なお、大正10年に制定された植物検査用船舶旗とは色順が反対になっている。人や食品の検疫は厚生労働省の管轄で全国の主要な空港・海港に設置されている検疫所で実施されている。一方、動植物の検疫は農林水産省が担当しており、それぞれ動物検疫所と植物防疫所で検疫が行われている。

　海外検疫旗の事例として挙げたトルコ、キューバ、ロシア検疫旗はいずれも国際信号旗Q旗と同様に注意を促す黄色を使っている。

検疫所用船舶旗章
Ensign of quarantine vessel in 1954

トルコ検疫旗
Ensign of Turkish Quarantine

キューバ検疫旗
Ensign of Cuban Quarantine

ロシア検疫旗
Ensign of Russian Quarantine

(77) 昭和30年1月18日熊本県告示第36号　漁業取締船舶旗章

中央に2本の赤色の横線、中央に青色の水章と中に白色の漢字「水」の字を配した白旗。

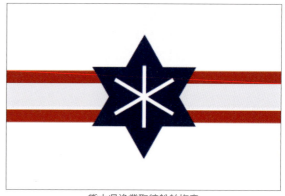

熊本県漁業取締船舶旗章
Ensign of Kumamoto Prefecture fishery control vessel in 1955

(78) 昭和30年2月5日農林省告示第93号　動物検疫用船舶旗章

カントンに赤字で「動検」の頭文字を配した濃紺色、黄色、濃紺色の横三分割旗。中央の黄色幅は濃紺色幅の2倍になっている。

旗の縦横比率は7対9。

農林省動物検疫用船舶旗章
Ensign of ministry of agriculture and forestry animal quarantine vessel in 1955

(79) 昭和32年1月8日和歌山県告示第2号　漁業指導船及調査船旗章

中央に和歌山県の漢字・頭文字「和」を白色で配した青色旗。

和歌山県漁業指導船及調査船旗章
Ensign of Wakayama Prefecture fishery instruction and inspection vessel in 1957

(80) 昭和33年11月21日愛知県告示第245号　漁業取締船舶旗章

右旗竿で赤字で漢字「水」の字をフライ寄りに配した白色旗。

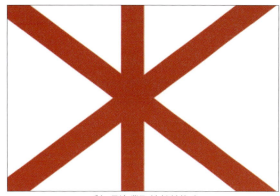

愛知県漁業取締船舶旗章
Ensign of Aichi Prefecture fishery control vessel in 1958

(81) 昭和33年12月27日兵庫県告示第891号　漁業取締用船舶旗章

昭和4年に制定した旗から赤色の「兵」の白色の縁取りを取り除いた旗。

兵庫県漁業取締用船舶旗章
Ensign of Hyogo Prefecture fishery control vessel in 1958

(82) 昭和40年中央労働災害防止協会制定　安全衛生旗

中央労働災害防止協会は昭和39年に労働災害防止団体法に基づき、労働省所管の認可法人として事業主の自主的な労働災害防止活動を促進する事業を行う目的で設立された。平成12年6月より特別民間法人へ変更。

昭和30年頃から安全と労働衛生は密接な関係にあるものとの考えが強調され、昭和40年中央労働災害防止協会によって安全衛生旗が公募され、緑地に白色十字、さらにその白色十字の中に緑色十字を配した安全衛生旗が制定された。

安全衛生旗
Safety health flag in 1965

(83) 昭和40年11月1日警視庁告示第4号　警視庁旗

　地色は江戸紫色とし、白色の20本の旭光を持つ日章をほぼ中央に配す。
　寸法は縦7、横10の割合とする。

警視庁旗
Tokyo metropolitan police department flag

(84) 昭和41年7月15日宮城県制定　漁業取締用船舶旗章

　昭和9年に制定した漁業取締用船舶旗を廃止し、新たに中央の白色円の中に緑色の県章である宮城県の頭文字である平仮名「み」の字と白色で縁取りされた青色の水章を配した赤色旗。

宮城県漁業取締用船舶旗章
Ensign of Miyagi Prefecture fishery control vessel in 1966

(85) 昭和45年11月2日農林省告示第1600号　動物検疫船舶旗章

　昭和30年に制定した動物検疫船舶旗のカントンにある「動検」の赤字を英語名称であるAnimal Quarantine Serviceの白字表記に変更した旗。

農林省動物検疫船舶旗章
Ensign of ministry of agriculture and forestry animal quarantine vessel in 1970

(86) 昭和55年1月29日山口県告示第83号　水産試験場所属船旗章

　昭和24年に制定した漁業取締及調査用船舶旗章を廃止し、新たに中央に2本の赤色の線、青色の水章の中に山口県の漢字・頭文字である「山」を図案化した黄色の県章を配した白旗。

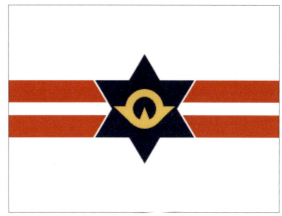

山口県水産試験場所属船旗章
Ensign of Yamaguchi Prefecture
fishery experiment station vessel in 1980

(87) 平成16年12月14日鳥取県告示第988号　漁業取締船舶旗章

　旗は中央に白地で「取締中」、下部に「鳥取県」と記した赤旗。

鳥取県漁業取締船舶旗章
Ensign of Tottori Prefecture
fishery control vessel in 2004

(88) 平成11年（1999）8月13日施行　日本国　国旗制定。

　明治3年1月27日太政官布告第57号で商船に掲げる国旗として定めた縦横比率が7対10、日章の直径が縦幅の5分の3で日章の中心が100分の1旗竿寄りの日の丸と、同年10月3日太政官布告第651号で海軍軍艦並びに同艦首に掲げる国旗として定めた縦横比率が2対3、日章の直径が縦幅の5分の3で日章の中心が旗面の中心の日の丸のいずれの規格を陸地、海上ともに用いる正式なわが国の国旗とするか、長年検討が重ねられてきたが、1999年ようやく後者規格とする旨の結論に達した。

　ただし、日章の色は「紅色」とだけ定められており、科学的数値が示されず、残念ながら曖昧な表記となっている。

以下の法律文書並びに国旗画像は内閣府大臣官房総務課の作成。
　　平成十一年法律第百二十七号
　　国旗及び国歌に関する法律
　　（国旗）
　　第一条　国旗は、日章旗とする。

2 　日章旗の制式は、別記第一のとおりとする。
（国歌）
第二条　国歌は、君が代とする。
2 　君が代の歌詞及び楽曲は、別記第二のとおりとする。
　附　則
（施行期日）
1 　この法律は、公布の日から施行する。
（商船規則の廃止）
2 　商船規則（明治三年太政官布告第五十七号）は、廃止する。
（日章旗の制式の特例）
3 　日章旗の制式については、当分の間、別記第一の規定にかかわらず、寸法の割合について縦を横の十分の七とし、かつ、日章の中心の位置について旗の中心から旗竿側に横の長さの百分の一偏した位置とすることができる。

別記第一（第一条関係）
日章旗の制式
一　寸法の割合及び日章の位置
縦　横の三分の二
日章
直径　縦の五分の三
中心　旗の中心
二　彩色
地　白色
日章　紅色

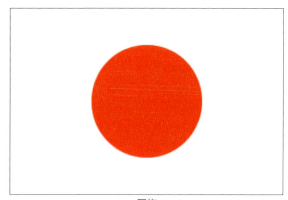

国旗
National flag adopted in 1999

小渕恵三内閣総理大臣の談話（平成11年8月9日）
　本日、「国旗及び国歌に関する法律」が成立いたしました。
　我が国の国旗である「日章旗」と国歌である「君が代」は、いずれも長い歴史を有しており、既に慣習法として定着していたものでありますが、21世紀を目前にして、今回、成文法でその根拠が明確に規定されたことは、誠に意義深いものがあります。国旗と国歌は、いずれの国でも、国家の象徴として大切に扱われているものであり、国家にとって、なくてはならないものであります。また、国旗と国歌は、国民の間に定着することを通じ、国民のアイデンティティーの証として重要な役割を果たしているものと考えております。
　今回の法制化は、国旗と国歌に関し、国民の皆様方に新たに義務を課すものではありませんが、本法律の成立を契機として、国民の皆様方が、「日章旗」の歴史や「君が代」の由来、歌詞などについて、より理解を深めていただくことを願っております。また、法制化に伴い、学校教育においても国旗と国歌に対する正しい理解が促進されるものと考えております。我が国のみならず他国の国旗と国歌についても尊重する教育が適切に行われることを通じて、次代を担う子どもたちが、国際社会で必要とされるマナーを身につけ、尊敬される日本人として成長することを期待いたしております。

日章旗のように太陽を国の象徴として用いた国旗は日本以外に世界に21ヵ国存在する。日本の国旗は「白地に赤く日の丸染めて」と歌われるように赤い太陽を描いている。太陽を表す言葉としても「赤日」「赤烏」「紅炎」「紅鏡」「真っ赤な太陽」と赤のオンパレードである。ところが太陽を描いた21ヵ国の海外の国旗の中で太陽を赤く描く国旗は同じアジアのバングラデシュとアフリカのマラウイのわずか2ヵ国に過ぎない。赤に近いオレンジ色の太陽を描いた国旗にはアフリカのニジェールがある。同じアジアでも台湾、アフガニスタン、ネパールは白い太陽が国旗に登場する。中米のニカラグアも白い太陽の国旗である。海外では圧倒的に多いのが黄色い太陽である。アジアではカザフスタン、キルギス、フィリピン、モンゴル。アフリカではナミビアとルワンダ。ヨーロッパではマケドニア。オセアニアではキリバス。中南米ではアンティグア・バーブーダ、コスタリカ、エクアドル、ボリビア、擬人化し顔の付いた黄色い太陽はアルゼンチンとウルグアイとなる。

　日本の言葉にも太陽を表す「金烏」がある。かつては金色の太陽の中にカラスがいたと信じられ錦の御旗のように金色ないし黄色で太陽を表現していた時代があった。どうやら武家社会以前に多かったと考えられる。

| バングラデシュ Bangladesh flag | マラウイ Malawi flag | ニジェール Niger flag |

台湾 Taiwan flag　アフガニスタン Afghanistan flag　ネパール Nepal flag　ニカラグア Nicaragua flag

カザフスタン Kazakhstan flag　キルギス Kyrgyz flag　フィリピン Philippines flag　モンゴル Mongolia flag

ナミビア Namibia flag　ルワンダ Rwanda flag　北マケドニア North Maccdonia flag　キリバス Kiribati flag

2. 行政旗　Service Flags & Ensigns　181

アンティグアバーブーダ
Antigua and Barbuda flag

コスタリカ
Costa Rica flag

エクアドル
Ecuador flag

ボリビア
Bolivia flag

アルゼンチン
Argentina flag

ウルグアイ
Uruguay flag

3. 官庁旗
Government Agency Flags

　平成29年1月1日現在の内閣府大臣官房政府広報室作成による官公庁組織図に示される42の官公庁のシンボルであるロゴマークないしシンボルマーク及び官公庁旗の有無は次の通りである。

(1) 内閣官房
　内閣官房は内閣の補助機関であると共に、内閣の首長たる内閣総理大臣を直接に補佐・支援する機関。具体的には、内閣の庶務、内閣の重要政策の企画立案・総合調整、情報の収集調査などを担っている。
　官房シンボルマークなし、官房旗なし。
　Cabinet secretariat:no flag nor symbol mark

(2) 内閣法制局
　内閣法制局の主な業務は法律問題に関して内閣並びに内閣総理大臣及び各省大臣に対し意見を述べるという事務、いわゆる意見事務と閣議に付される法律案、政令案及び条約案を審査するという事務、いわゆる審査事務を担っている。
　局シンボルマークなし、局旗なし。
　Cabinet legislation bureau: no flag nor symbol mark

(3) 人事院
　人事院は内閣の所轄の下に設けられた機関で、人事行政の公正の確保及び労働基本権制約の代償機能の確保の観点から基準の設定等の業務をつかさどる。
　院シンボルマークあり、院旗なし。
　シンボルマーク：昭和63年12月採用。
　人事院創立40周年を契機に、人事院の使命をさらに自覚し、時代の要請に応じた人事行政を全職員が一体となって推進するための意識の象徴として、また、人事院の役割について広く外部の理解と共感を得るために、「人」という漢字を白色で青色の円の中に図案化した人事院シンボルマークを制定した。

人事院シンボルマーク
National personnel authority symbol mark

(4) 内閣府
　内閣府の業務は経済財政政策、地方分権、科学技術政策、防災など国政上重要な特定の政策に関する企画立案・総合調整と政府広報、栄典、公文書管理等、内閣総理大臣が直接担当することがふさわしい事務から成り立っている。
　内閣府シンボルマークあり、内閣府旗なし。

シンボルマークは2枚の木の葉と木漏れ日をモチーフとしている。2枚の木の葉により、内閣府の機能を大きく2つに分けて表現し、その後ろから射し込む太陽の光によって、希望に満ちた経済社会を創る内閣府を表している。大空に向かって右上がりに伸びていく上の葉は「日本の将来の在り方を考える」機能、緑色の大地のような下の葉は「総理が直接担うにふさわしい」機能を表している。

また2枚の木の葉は「Cabinet Office（内閣府）」の「C」の形であり、木漏れ日の部分は「O」をかたどっている。さらに全体の形は、国民の目線から日本の未来を見つめる「輝く瞳」をも表している。上の葉には「未来」「知性」「大空」を表す青色を、下の葉には「安全」「やすらぎ」「大地」を表す緑色を使用している。さらに先鋭的なフォルムにより、国民の未来を切り開く「知恵の場」の「知性」を表現すると共に、やわらかい色合いや曲線により、「安全」「安心」「共生」といった国民に身近なテーマに取り組む「やさしさ」を表現している。

内閣府シンボルマーク
Cabinet office symbol mark

（5）宮内庁

宮内庁は内閣総理大臣の管理の下にあって、皇室関係の国家事務のほか、日本国憲法第7条に掲げる天皇の行う国事行為のうち、外国の大使・公使を接受することと儀式を行うことに係る事務を行い、御璽・国璽を保管している。

庁シンボルマークなし、庁旗なし。

Imperial household agency : no flag no symbol mark

（6）公正取引委員会

公正取引委員会は行政組織上は内閣府の外局として位置づけられ、独占禁止法を運用するために設置された機関で、独占禁止法の補完法である下請法の運用も行っている。公正取引委員会は行政委員会に当たり、委員長と4名の委員で構成され、他から指揮監督を受けることなく独立して職務を行うことに特色がある。

委員会シンボルマークあり、委員会旗なし。

シンボルマークは市場や経済の動きをウオッチしているという公正取引委員会の役割を、外円及びマーク全体により、市場の番人の「眼」をイメージして表現している。また、「自由」かつ「公正」な市場の実現という独占禁止法の目的を、それぞれ、大空を自由に舞う「鳥」と偏りのない「真円」により表現している。全体のイメージは、世界の競争当局と連携して活動する公正取引委員会のグローバル感を同時に表しているもので、新たな時代に入った競争政策を担う公正取引委員会をこのシンボルマークによって表現している。

公正取引委員会シンボルマーク
Japan fair trade commission symbol mark

(7) 国家公安委員会

　国家公安委員会は内閣府に置かれた外局で、内閣の一員である国務大臣が委員長で委員が5名の合議制機関。警察制度の企画立案や予算、国の公安に関係する事業、警察官の教育、警察行政に関する調整などの事務について警察庁を管理している。

　委員会シンボルマークなし、委員会旗なし。

　National public safety commission: no flag nor symbol mark

(8) 警察庁

　警察庁は国の警察行政機関として内閣総理大臣の所轄の下に置かれた国家公安委員会の管理の下に設置され、広域組織犯罪に対処するための警察の態勢、犯罪鑑識、犯罪統計等検察庁の所掌事務について都道府県警察を指揮監督している。

　庁シンボルマークなし、庁ワッペン徽章あり、庁旗なし。

　徽章は上部濃緑色地に日の丸と「警察庁」を金色の文字で下部青色地に金色の旭日章とそれを囲む桜花のリースを配したもの。

警察庁ワッペン徽章
National police agency emblem

(9) 個人情報保護委員会

　個人情報の保護に関する法律（平成15年法律第57号）に基づき、個人情報の適正かつ効果的な活用が新たな産業の創出並びに活力ある経済社会及び豊かな国民生活の実現に資するものであること、その他の個人情報の有用性に配慮しつつ、個人の権利利益を保護するため、個人情報の適正な取り扱いの確保を図る任務を果たす目的で平成28年1月1日に設置された。組織は委員長1名、委員8名、合計9名の合議制である。

　委員会シンボルマークなし、委員会旗なし。

　Personal information protection commission: no flag nor symbol mark

(10) 金融庁

　金融庁は内閣府の外局で市場規律と自己責任原則を基軸とした透明かつ公正な行政を基本に金融制度の企画立案や民間金融機関等に対する厳正な検査・監督、証券取引等の監視を通じ、経済発展を支える投資資金が円滑に供給されるよう取り組んでいる。

　庁シンボルマークあり、庁旗あり。

　シンボルマーク：平成13年1月採用

　シンボルマークは金融庁の英文名称である「Financial Services Agency」の頭文字であるF,S及びAを並べて図案化したもので、中央の「S」の部分は、円滑な金融の流れを表現し、両側からこの流れを守っているイメージで、色については、水色とし、円滑な金融の流れと金融庁の行政の透明性を表現している。庁旗はシンボルマークを中央に配した白旗。

金融庁シンボルマーク
Financial services agency symbol mark

金融庁旗
Financial services agency flag

(11) 消費者庁

　消費者庁は内閣府の外局で消費者行政の舵取り役として、消費者が主役となって、安心して安全で豊かに暮らすことができる社会を実現するように、消費者・生活者の視点に立ち、国民全体の利益を考え、コミュニケーションを重視し、便利で分かりやすい情報の提供を心がけている。
　庁シンボルマークあり、庁旗なし。
　シンボルマークは全体をフレッシュな3色で構成し、イエローは生活者、消費者、ブルーは安全、安心、ライトグリーンは豊かに暮らせる社会を表している。

消費者庁シンボルマーク
Consumer affairs agency symbol mark

　手書きの筆タッチを使うことで、より国民に親しみやすい身近な機関であることを表現すると共に、「消費者・生活者」と「安全・安心」、「豊かに暮らせる社会」を結ぶ消費者行政の司令塔、エンジン役という消費者庁の役割を形にしている。また、「消費者に寄り添う、生活者の立場に立つ」という消費者庁の基本理念につなげている。

(12) 復興庁

　復興庁は内閣に設置された行政組織で、一刻も早い東日本大震災からの復興を成し遂げるように被災地に寄り添いながら復興事業を実施するため内閣に設置された組織で、復興に関する国の施策の企画、調整及び実施、地方公共団体への一元的な窓口と支援などを担っている。
　庁シンボルマークあり、庁旗なし。
　シンボルマーク：平成24年2月採用

復興庁シンボルマーク
Reconstruction agency symbol mark

　シンボルマークの赤色の丸は日の出の太陽で復興を意味し、濃い青色は海で被災地の豊かな自然のイメージを表しており、被災地の速やかな復興のために取り組む気持ちを表現している。

（13）総務省

　総務省は行政運営の改善、地方行財政、選挙、消防防災、情報通信、郵政行政等、国家の基本的仕組みに関わる行政機能を担う省で、行政改革の推進、行政情報の公開の推進、地方分権改革の推進、地方税財源の充実確保、地域の活性化、国民の安全の確保、ICT産業の国際競争力の強化、放送政策の推進、郵政民営化の推進に重点的に取り組んでいる。

　省ロゴマークあり、省旗あり。

　ロゴマーク：平成17年4月採用

　ロゴマークは常にアクティブな行動力を持ち、時代をリードしつつ、国民に身近なところで快適な生活を支えるためのグローバルで幅広い活動をしている総務省の姿をイメージしたもので、日本の国土を示す四角い枠から勢いよく飛び出していく球体は、総務省の姿を表し、国民の目につきにくい社会基盤も支えつつ、国と地方、国と国民、国民と生活、国民と海外といった要素を情報ネットワーク化によって密接に結びつけ、これまでの活動領域にとどまらない創造性豊かな活動を表している。温かみのある鮮やかな色調は快活、明快、光明、安全、平和などの意味合いを連想させ、国民の快適な生活を支える省庁にふさわしい色としてヴィヴィッド・オレンジ色を選定したもの。

　省旗は中央にヴィヴィッド・オレンジ色のロゴマークを配した白色旗。

総務省ロゴマーク
Ministry of internal affairs and communications logo mark

総務省旗
Ministry of internal affairs and communications flag

（14）公害等調整委員会

　公害等調整委員会は総務省の外局で裁定や調停などによって公害紛争の迅速・適正な解決を図り、鉱業、採石業または砂利採取業と一般公益等との調整を図ることを主な任務としている。

　委員会シンボルマークなし、委員会旗なし。

　Environmental Dispute Coordination Commission: no flag nor symbol mark

（15）消防庁

　消防庁は総務省の外局で、その施設及び人員を活用して、国民の生命、身体及び財産を火災から保護すると共に水火災または地震等の災害を防除し、及びこれらの災害による被害を軽減するほか、災害等による傷病者の搬送を適切に行うことを任務とし、全国の消防本部や地方自治体と連携して、必要な法律の整備や車両・資機材の配備を行っている。

　庁シンボルマークあり、庁旗あり。

　シンボルマーク・庁旗：平成17年3月29日採用

　シンボルマークは消防庁の英文名称の頭文字FDMAを青字で「住民とともに」というモットー

を赤字で水色の楕円形の上に記したもの。
　庁旗は中央に白色の桜花の中に消防章を配した赤紫色旗。消防章は雪の結晶の拡大図を基礎とし、これに旭日章を中心として水管、管そう、筒先から放出する水柱を配したもので、雪の結晶は水、団結及び純潔を意味し、消防職員の性状を表している。水管、管そう、水柱は消防の任務を完遂する機械と水を表し、旭日章はもともとは警察機構であったことを示すと同時に消防が国民の太陽でありたいという願いを表現している。

消防庁シンボルマーク
Fire and disaster management agency symbol mark

消防庁旗
Fire and disaster management agency flag

（16）法務省

　法務省は検察、法務に関する国の行政事務を遂行する機関で、検察、矯正、恩赦、更生保護、国の利害に関係ある訴訟、国籍、戸籍、登記、供託、人権擁護、出入国管理、難民認定、外国人の登録、破壊的団体の規制、国連に協力して行う研修、研究、調査などに関わる事務を掌る。
　省シンボルマークあり、省旗なし。
　シンボルマークは法務省の英文名称Ministry of Justiceの頭文字MOJを白字で図案化し、青色の正方形に入れたもの。

法務省シンボルマーク
Ministry of justice symbol mark

（17）公安調査庁

　公安調査庁は法務省の外局で、破壊活動防止法、無差別大量殺人行為を行った団体の規制に関する法律に基づき、公共の安全の確保を図ることを任務として、オウム真理教に対する観察処分を実施すると共に国内諸団体、国際テロリズム、北朝鮮、中国、ロシア等の周辺諸国をはじめとする諸外国の動向など公共の安全に影響を及ぼす国内外の諸情勢に関する情報の収集及び分析に取り組み、わが国の情報コミュニティの一員として、情報インテリジェンスの提供を通じた政策決定への貢献に努める。
　庁ロゴマークあり、庁旗なし。
　ロゴマーク：平成24年制定。

公安調査庁ロゴマーク
Public security intelligence agency logomark

　ロゴマークは公安調査庁の日本語・英語名称とその頭文字であるPSIAを黒字で示し、冷静な情報収集活動とその情報を提供することで民主主義を守る一翼を担う業務を円の重なりで表現している。青色は情報収集における冷静さ、緑色は信頼感、白地は無色透明な公平さを表している。

(18) 外務省

外務省は外交政策の企画立案・実施、通商航海に関する利益の保護・増進、外交政策上の経済協力、外交官・領事館の派遣・接受、条約その他の国際約束の締結、国連その他の国際機関との協力、国際会議への参加、外国に関する調査、内外事情の報道、外国との文化交流、海外における邦人の保護など国の対外行政事務をつかさどる。

省シンボルマークあり、省旗なし。

1937年にもともとは職員用のバッジとして採用された。

漢字の「外」の文字を図案化させたもの。

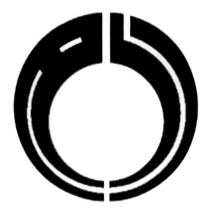

外務省シンボルマーク
Ministry of foreign affairs symbol mark

(19) 財務省

財務省は財政、税制、税関業務、国庫管理、通貨、外国為替並びに造幣事業に関する行政事務をつかさどる。

財政構造を各般の構造改革とともに推進することで、民間需要主導の持続的経済成長の実現を目指し、少子・高齢化、国際化など経済社会の構造変化に対応できる税制を築く。財政投融資は民間ではできない分野・事業などに重点化を行い、政策的に必要な資金需要に的確に対応し、金融セーフネットを整備し、金融危機に素早く対応する等金融システムの安定確保を目指す。さらに国際通貨システムの安定・国際貿易の秩序ある発展を目指し、国際的な協力に積極的に取り組むことを任務としている。

省 シンボルマークなし、省旗なし。

Ministry of finance : no flag nor symbol mark

(20) 国税庁

国税庁は財務省の外局で内国税の賦課徴収と酒類の製造・販売の免許並びに監督等を担当する行政機関で本庁のほか、全国に11の国税局、524の税務署が設置されている。本庁は税務行政の執行に関する企画・立案等を行い、国税局と税務署の事務を指導監督する。

庁シンボルマークあり、庁旗なし。

シンボルマーク：昭和58年採用。

「税を知る週間」10周年記念行事の一環として、全国から公募を行い制定したもので、シンボルマークは漢字の「税」の字を男女2人が手を広げ囲んでいる。

国税庁シンボルマーク
National tax agency symbol mark

（21）文部科学省

　文部科学省は教育の振興、生涯学習の推進を中心とした創造的な人材育成、学術・スポーツ及び文化の振興、並びに科学技術の総合的な振興、宗教に関する行政事務をつかさどる。
　省シンボルマークあり、省旗なし。
　シンボルマーク：平成20年1月採用。
　文部科学省のシンボルマークは「羅針盤」をモチーフにしている。
　教育、科学技術・学術、スポーツ、文化の振興を通じて、希望に満ちた未来を目指す、文部科学省の役割を表している。上部の円は進むべき方向を象徴し、その使命を見失うことなく、誠意と熱意をもって任務に専心する姿勢を示している。下部の円の中央から放射状に広がる直線は、社会に開かれた文部科学省の姿勢を表現している。同時に親しみやすい簡潔なデザインからは、人、地球など、様々なイメージへと自由に連想を広げることができる。色彩は日本人に古来からなじまれてきた青色を基調として、「瑠璃色」と「空色」を使用。「瑠璃色」は強い意志、品格と治世、「空色」は誠意と未来への広がりを意味している。

文部科学省シンボルマーク
Ministry of education, culture, sports, science and technology symbol mark

（22）スポーツ庁

　スポーツ庁は文部科学省の外局で、平成23年に制定されたスポーツ基本法に掲げられた「スポーツを通じて幸福で豊かな生活を営むことはすべての人々の権利」を実現するため、国、地方公共団体等の関係者が一体となってスポーツ立国を実現すべく総合的かつ計画的に取り組むべき施策を策定し、スポーツの振興を図る任務を担っている。
　庁シンボルマークあり、庁旗なし。
　スポーツ庁のシンボルマークは片仮名の「ス」や漢字の「人」をベースにデザインされたもので、右上に伸びる太い二重線と太陽を連想させるオレンジの色があいまって、ぱっと見て印象に残るような「力強さ」を持っている。また、オレンジ色には仲間意識を高めたり、緊張を和らげ、力を出させる心理効果もある。このシンボルマークは受け手である国民に「スポーツの力」や「スポーツの価値」をイメージしていただけると考えている。

スポーツ庁シンボルマーク
Japan sports agency symbol mark

(23) 文化庁

　文化庁は文部科学省の外局として設置され、文化の振興、普及及び文化財の保存、活用を図るとともに、宗教に関する行政事務を行うことを任務とする。

　庁シンボルマークあり、庁旗なし。

　シンボルマーク：平成14年12月採用。

　文化庁のシンボルマークは文化庁の「文」の文字をモチーフに3つの楕円で、「過去・現在・未来」「創造・発展」「保存・継承」の輪をイメージし、芸術文化を創造し、伝統文化を保存・伝承していく人の姿（文化庁）・広がりを表現している。色彩は日本伝統色の一つである「朱色」とした。

文化庁シンボルマーク
Agency for cultural affairs symbol mark

(24) 厚生労働省

　厚生労働省は国民生活の保障・向上と経済の発展を目指すために、社会福祉、社会保障、公衆衛生の向上・増進と働く環境の整備、職業の安定・人材の育成を総合的・一体的に推進し、少子高齢化、男女共同参画、経済構造の変化等に対応し、社会保障政策と労働政策を一体的に推進する任務を担っている。

　省シンボルマークあり、省旗なし。

　シンボルマーク：平成20年5月採用。

　厚生労働省のシンボルマークは国民（老若男女）の喜ぶ姿をモチーフにして、国民が手を取り合い、一つになって幸福を目指すと言う意図。2人の喜ぶ姿の間には幸せのハートの図が隠されている。

厚生労働省シンボルマーク
Ministry of health, labor and welfare symbol mark

(25) 中央労働委員会

　中央労働委員会は企業と働く人々の間の労使紛争の解決に当たる公正中立な専門機関として厚生労働省の外局になっている。主な業務は労働組合法が定める不当労働行為があったかどうかの審査、企業と労働組合間で賃上げなどの労働争議が発生した場合に労働関係調整法に従い、紛争解決を目指して行うあっせんや調停、企業と個々の労働者間の個別労使紛争の解決としている。

　委員会シンボルマークなし、委員会旗なし。

　Central labour relations commission : no flag nor symbol mark

(26) 農林水産省

農林水産省は農林畜水産業の改良発達、農山漁家の福祉の増進および国民食糧の安定的供給を図り、国民経済の興隆に寄与することを目的として、農業、林業、水産、畜産及び食糧管理に関する行政をつかさどる。

省ロゴマークあり、省旗なし。

農林水産省ロゴマーク
Ministry of agriculture, forestry and fisheries logomark

ロゴマークは「農林水産省」と漢字で記したものと英文名称の頭文字であるMAFFと記したもの。

(27) 林野庁

林野庁は農林水産省の外局で国有林野の管理・経営、民有林野の指導監督、林業の発達改善などに関する事務を行う。

庁シンボルマークなし、庁旗なし。

Forestry agency: no flag nor symbol mark

(28) 水産庁

水産庁は農林水産省の外局で水産資源の保護及び開発促進、漁業調整、水産物の生産・流通、その他水産業の発達・改善などに関する事務を行う。

庁ファンネルマークあり、水産庁所属漁業取締及び調査船旗あり。

ファンネルマークは赤色地の中央に水章を配したもので、水章は白色の輪郭線を付けた青色字で水産庁の頭文字である漢字の「水」を描いたもの。水産庁所属漁業取締及び調査船旗は中央に「水章」を配した白色、赤色、白色の横三分割旗。昭和15年（1940年）12月5日農林省告示第612号にて制定。

水産庁ファンネルマーク
Fisheries agency funnel mark

水産庁所属漁業取締及び調査船旗
Fisheries agency vessel ensign

(29) 経済産業省

経済産業省は経済構造改革の推進、産業政策、通商政策、資源およびエネルギーの安定供給に関する任務をつかさどる。

省シンボルマークあり、省旗あり。

シンボルマーク：昭和50年採用。

1　AとBが一体となって産業を表し、CとDが一体となって貿易を表している。この両者が組み合

わされ一種の巴模様をなし、スパイラル状に回転しながら上昇し成長する意味も醸し出している。

2 中央に位置するBとCは、一対となって安定と均衡を意味しており、ダイナミックに回転しながら成長する産業と貿易がバランスを保ちつつ発展する状態を表現している。

3 BとCは、その遠近法的表現によって、左右に広く奥深い動的空間を表しており、左右の広がりは量的拡大を、凝縮された深さは質的充実をそれぞれ意味している。

4 A+BとC+Dは中央部によって有機的に結びついている。この結びつきは産業と貿易の相関関係を示すもので、日本経済が成り立つための大切なポイントを象徴している。

5 EとFによって「自然」が象徴されており、このEとFには国民生活と自然環境が内包されている。

6 AとBの間にEが浸透し、CとDの間にもFが浸透している。そして両方とも浸透部分が細かいながらも外界につまり自然界へ繋がっている。このことは産業と貿易がそれぞれ自然の秩序を体質の一部にしていることを意味している。細かくともはっきり確保してゆかねばならない。

7 全体の形は正六角形にまとめられていることが調和を意味する。経済産業省の活動は政府全体の統一ある行政の一部であるため、他の省庁との関連が大切となる。六角形の各辺にはこうした相互関係がセットできるように配慮されている。

経済産業省旗は中央に青色と白色から構成される省名文字を除いたシンボルマークを配した白色旗。

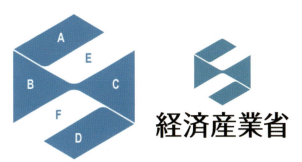

経済産業省シンボルマーク
Ministry of economy, trade and industry symbol mark

経済産業省旗
Ministry of economy, trade and industry flag

(30) 資源エネルギー庁

資源エネルギー庁は経済産業省の外局で石油、電力、ガスなどのエネルギーの安定供給政策や省エネルギー、原子力・太陽光・風力・スマートコミュニティ等の新エネルギー政策を所管する経済産業省の外局。

庁シンボルマークなし、庁旗なし。

Agency for natural resources and energy: no flag nor symbol mark

(31) 特許庁

特許庁は経済産業省の外局でデザイン、商標などの知的創造の成果を保護・活用し、産業の発達と国民生活の向上に寄与する目的で特許、実用新案、意匠、商標制度を所管している。産業財産権の適切な付与、産業財産権施策の企画立案、国際的な制度調和と途上国協力の推進、産業財産権制度の見直し、中小企業・大学に対する支援、産業財産権情報提供の拡充等の取り組みを推進している。

庁ロゴマークあり、庁旗あり。

ロゴマーク：平成22年12月採用。

特許庁のロゴマークは特許庁の英文名称である「Japan Patent Office」の頭文字「JPO」をモチーフとして、親しみやすさと信頼感を表現している。

「j」は人を表し、ユーザーの声を聞き、ユーザーニーズに応えて質の高いサービス提供をしていく姿勢を表現している。また、丸みを帯びた跳ねるその姿は、次代に向かって様々な知的財産の取り組みに挑戦し、飛躍、進化し続ける特許庁の姿勢を表現している。「ブルーの楕円」は、知性とグローバルな知的財産制度の構築を表し、様々な知的財産施策を迅速かつ的確に実施していく姿勢を表現している。

特許庁旗は中央に特許庁ロゴマークを配した白色旗。

特許庁ロゴマーク
Japan patent office logomark

特許庁旗
Japan patent office flag

（32）中小企業庁

中小企業庁は経済産業省の外局で、健全な独立の中小企業が国民経済を健全に発達させ、経済力の集中を防止し、かつ企業を営もうとする者に対し、公平な事業活動の機会を確保するべく中小企業を育成し、発展させ、かつ、その経営を向上させる諸条件を確立することを達成する任務を担っている。

庁ロゴマークあり、庁旗なし。

ロゴマークは、親しみやすさと信頼感を表す丸文字の「中小企業庁」が核となり、「経営」「金融」「商業・地域」「相談・情報提供」の各分野における支援策を実施すると共に、新しい課題に挑戦し、行動していく動きを、楕円の形の線で表現している。楕円の線が閉じていないのは、無限の発展性を表すもので、その先端の丸いオブジェクトは「施策」「方針」などの核、すなわち焦点である中小企業庁そのものと、挑戦する力強さを表現している。

中小企業庁ロゴマーク
The small and medium enterprise agency logomark

(33) 国土交通省

　国土交通省は、国土の総合的かつ体系的な利用、開発及び保全、そのための社会資本の整合的な整備、交通政策の推進、気象業務の発展並びに海上の安全及び治安の確保などを担う。

　省ロゴマークあり、省旗あり、大臣旗あり。

　ロゴマークは人と国土、躍動をイメージして、国土の上で人々が弾んでいる躍動感を、人々のハートである「心」の文字でデザイン化している。心を一つに、未来に向かって躍動する姿を表している。

　国土交通省旗は中央に省名文字を除いた水色、赤色、灰色から構成されるロゴマークを配した白色旗。

　国土交通大臣旗はホイスト寄りに紺色のコンパス、3本の紺色の横縞を配した
　白色燕尾旗。平成13年制定。

国土交通省ロゴマーク
Ministry of land, infrastructure, transport and tourism logomark

国土交通省旗
Ministry of land, infrastructure, transport and tourism flag

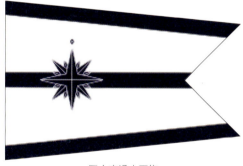

国土交通大臣旗
Minister ensign

(34) 観光庁

　観光庁は国土交通省の外局として、わが国の観光立国の推進体制を強化するために設立された組織。日本の魅力を内外に発信、国内外の交流人口の増加、地域の自立的な観光地づくりの支援、観光関連産業の活性化、旅行しやすい環境整備などを行う。

　庁シンボルマークあり、庁旗あり。

　観光庁のシンボルマークは、観光立国の実現に向けて、観光に関係する多様なプレーヤーが、チームとして一丸となって取り組んでいく決意を示すものとして日の丸をモチーフに用いている。日の丸から出入りする赤白のリングは「変化」を表している。国内外における人々の活発な観光交流を表すと共に、観光立国の実現に向けて、観光庁が過去の行政のあり方にとらわれず、新たな変化の創造を目指して取り組んでいくという姿勢や、新しい行政組織に求められる創造性、

柔軟性、機動性などを表現している。「赤」の色彩や躍動感のあるデザインは、観光立国の実現に取り組む職員の情熱を意味するとともに、迅速さ、積極性、行動力など、政府一体となった取り組みの旗振り役を担う観光庁の目指すべき姿を示している。

　観光庁旗は中央に庁名文字を除いた赤色と白色から構成される観光庁シンボルマークを配した白色旗。

観光庁シンボルマーク
Japan tourism agency symbol mark

観光庁旗
Japan tourism agency flag

(35) 気象庁

　気象庁は国土交通省の外局で的確な気象情報を提供することによって、自然災害の軽減、国民生活の向上、交通安全の確保、産業の発展等を実現することを任務としている。

　常に最新科学技術を駆使することによって気象業務の技術基盤を確立し、利用目的に応じた分かりやすい気象情報の作成、提供を行う。

　庁ロゴマークあり、気象庁所属気象観測船旗あり。

ロゴマーク：平成13年1月採用。

　気象庁のロゴマークの中心の球は大気圏に包まれる地球を表し、表面に地球を周回する大気の流れを描いている。全体としては芽吹き、海の波など地球が抱える自然現象を表現するもので、さらにこのロゴマークには気象庁の英語名である「Japan Meteorological Agency」の頭文字「J」「M」「A（a）」を模様の中にあしらっており、ロゴマーク右側の三日月状の模様と中心球で「J」と「a（A）」を、中心球が表す地球の表面上の波動で「M」を表現している。

　気象庁附属気象観測船旗は、中央に青色と白色から構成される気象庁ロゴマークを配した白色旗。

気象庁ロゴマーク
Japan meteorological agency logomark

気象庁附属気象観測船旗
Japan meteorological agency weather observation vessel ensign

(36) 運輸安全委員会

　運輸安全委員会は国土交通省の外局で、航空、鉄道及び船舶の事故・重大インシデントが発生した原因や、事故による被害の原因を究明するための調査を行う。事故等の調査の結果をもとに事故、インシデントの再発防止や被害の軽減のための施策・措置について、関係する行政機関や事故を起こした関係者等に勧告・意見を述べ、改善を促す。事故等の調査、再発防止、被害軽減といった運輸安全委員会の施策推進のために必要な調査・研究を担う。

　委員会シンボルマークあり、委員会旗なし。

　シンボルマーク：平成24年3月採用。

　シンボルマークの球体は、他から影響を受けることなく、公正・中立の立場を維持し続けるという決意と、運輸安全委員会が一丸となって事故の原因究明を行い、再発防止及び被害の軽減等を推進していくという意志、そして国際協力を展開し、世界における運輸の安全性向上に貢献するというグローバルな活動をイメージしている。球体の周りを走る3本のラインは、それぞれ空路、陸路、海路を表現している。また、球体の色は安全をイメージして青色と緑色の中間色とした。「JTSB」は運輸安全委員会の英文名称である「Japan Transport Safety Board」の頭文字であり、日本（Japan）の運輸安全委員会（Transport Safety Board）であることをデザインで表現したもの。

運輸安全委員会シンボルマーク
Japan transport safety board symbol mark

(37) 海上保安庁

　海上保安庁は国土交通省の外局で、国民が安心して海を利用し、様々な恩恵を享受できるよう、関係国との連携・協力関係の強化を図りつつ、海上における密輸・密航といった海上における犯罪の取り締まり、領海警備、海難救助、環境保全、災害対応、海洋調査、船舶の航行安全等の活動を担う。

　庁ロゴマークあり、庁旗あり。

　ロゴマークは海上保安庁の英文名称「Japan Coast Guard」の頭文字を、その色は厳しい環境の中で、使命感・正義感に燃えて業務の遂行に当たる海上保安官の情熱を「赤色」で表現したもので、波の形は海上保安庁の業務に加え、常に変化する国内外の諸情勢も意味し、波の上にJCGを表現することで、海上保安庁が激動を続ける社会情勢や環境の変化に的確に対応し、業務を遂行する姿を表現している。

　海上保安庁旗は中央に白色で航海の道しるべであるコンパスを配した紺青色旗。昭和23年（1948年）4月30日海上保安庁政令第96号にて制定、その後、昭和26年（1951）5月28日海上保安庁告示第16号でコンパスの大きさを修正した。

海上保安庁ロゴマーク
Japan coast guard logomark

海上保安庁旗
Japan coast guard flag and ensign

(38) 環境省

　環境省は今日の環境問題を解決していくために、廃棄物対策、公害規制、自然環境保全、野生動物保護などを自ら一元的に実施し、地球温暖化、オゾン層保護、リサイクル、化学物質、海洋汚染防止、森林・緑地・河川・湖沼の保全、環境影響評価、放射性物質の監視測定などの対策を他の省と共同して行い、環境基本計画などを通じ、政府全体の環境政策を積極的にリードする役割を担う。

　省ロゴマークあり、省旗あり。

　ロゴマーク：平成13年1月決定。

　ロゴマークの上の緑色の三角形は山、自然界、地球環境を表している。

　中央の水色の楕円は山を映す澄んだ水、海を表すと共に、様々な人々が協力して、人や自然全てを包んで守っていく愛情を象徴している。

　下の緑色の三角形は水面に映る自然の姿で、これによって今日の環境問題の原因となっている人間の活動を示している。また、水面の上下を一体的に表すことによって、環境問題への解決への取り組みを、情報を公開しながら国民の皆さんとともに進めて行くという姿勢を表している。全体で、環境の大切さを深く心に刻み、それを守るゆるぎない姿勢、環境の世紀に向けての変革への決意を込めている。

　環境省旗は中央に緑色と水色から構成される環境省ロゴマークを配した白色旗。

環境省ロゴマーク
Ministry of the environment logomark

環境省旗
Ministry of the environment flag

(39) 原子力規制委員会

　原子力規制委員会は環境省の外局で、2011年3月11日に発生した東京電力福島原子力発電所事故の教訓に学び、二度とこのような事故を起こさないために、そしてわが国の原子力規制組織に対する国内外の信頼回復を図り、国民の安全を最優先に、原子力の安全管理を立て直し、真の安全文化を確立すべく設置された。高い倫理観を持ち、常に世界最高水準の安全確保を目指す。

　委員会ロゴマークあり、委員会旗なし。

　ロゴマーク：平成24年8月採用。

原子力規制委員会ロゴマーク
Nuclear regulation authority logomark

　ロゴマークの原子力を包み込むビジュアルは、国民の健康と環境を「確実に守る」強い意志のシンボルで、大きな瞳のようにも見え、あらゆる角度から「厳しく監視する」姿勢を示すと同時に、国民の澄んだ瞳にいつも「見つめられている」ことを意識し、透明性を高めることを約束している。

(40) 防衛省

　防衛省はわが国の平和と安全、国際社会の平和と安全のために、またわが国の防衛という任務を果たすために実力組織である陸上、海上、航空自衛隊を中心に統合幕僚部、情報本部など様々な組織で構成され、それらの統合運用により機動的に運用していく統合機動防衛力の構築推進を担う。

　省ロゴマークあり、省旗なし。

　ロゴマーク平成19年3月公募。

　ロゴマークの緑色の部分は26万人の隊員からなる防衛省を表している。

防衛省ロゴマーク
Ministry of defense logomark

隊員の両腕に守られている青い球の部分は、地球を表している。日本の防衛と国際社会の平和のために行動する防衛省の仕事とこれに積極的に取り組む隊員の気持ちを表現している。

(41) 防衛装備庁

　防衛装備庁は防衛省の外局として設置され、防衛装備品の生産・技術基盤の強化や海外移転の推進等の装備政策から、先端技術を取り込んだ研究開発や適性かつ効率的な調達に至るまでの幅広い防衛装備行政を一元的に担う。

　庁ロゴマークあり、庁旗なし。

防衛装備庁ロゴマーク
Acquisition, technology and logistics agency logomark

ロゴマークの中心の円は、各自衛隊を想起させる色を用い、装備品の取得に係る防衛省内の組織が一致協力して和（輪）をなし、業務に取り組んでいく様子を表している。また、地球をイメージし、国際平和に貢献していくという意味も含まれる。円を取り巻く3つの線は、陸海空自衛隊の代表的な装備品である車両、護衛艦、航空機を表している。

（42）会計検査院

　会計検査院は国の収入支出の決算を検査することを任務とする機関で憲法に基づいて設置され、内閣に対し独立の地位を持つ。3名の検査官で構成される検査官会議と事務総局より成る。

　院シンボルマークなし、院旗なし。

Board of audit of Japan: no flag nor symbol mark

4. 都道府県市町村旗
Prefectural Flags and Municipal Flags

　令和元年（2019）6月現在、1都1道2府43県には792市、23特別区、743町、183村の合計1,741自治体が存在する。1995年の合併特別法に始まり、2005年から2006年にかけてピークを迎えた市町村合併、いわゆる「平成の大合併」により、1995年に3,234あった市町村数からは大幅に減少した。

　47都道府県旗・県庁所在地旗と23特別区旗に加え、政令市、中核市、旧特例市など、人口20万人以上の都市の旗を取り上げ、北から一覧する。加えて全国の町と村で旗ないし紋章制定の古い順に列挙すると、本書で取り上げる自治体旗の数は合計200となる。最後に日本の自治体旗の特徴とも言える諸点を解析してみることとする。

（1）　北海道　道旗制定 1967年5月1日告示第775号

　道旗は開拓使が使用した北辰旗と、当時着想されていた7稜星のイメージを今日的に表現したもので、地色の濃紺色は北の海や空を意味し、星を囲む白色は光輝と風雪を表し、赤色は道民の不屈のエネルギーを、またその光芒は未来への発展を象徴したもの。道章は北海道開拓時代の旗章のイメージを七稜星として現代的に表現したもので、厳しい風雪に耐えぬいた先人の開拓精神と、雄々しく伸びる北海道の未来が表徴されている。

　旗の縦横比率は2対3。

北海道旗
Hokkaido flag

（1）-1　道庁所在地：札幌市　市旗制定 1964年11月3日

　六角模様は雪の都札幌を表し、市章と雪の結晶の印象を組み合わせたもので、正六角形の6辺は市民憲章の6項目を表す。星は北斗星、黄緑色は明るく、はつらつとした緑の森と緑の芽が豊かな作物を生むことを意味する。薄青色は青く澄みきった高い空、果てしない未知の世界を意味する。白色は雪を示す。

　市章の輪郭の雪形は北海道の象徴、内側に「札」を丸く図案化し、円形をもって「ロ」の字をかね、星は「ホ」の字をかたどっている。

　旗の縦横比率は2対3。

札幌市旗
Sapporo city flag

(1)-2　旭川市　市旗制定　1970年9月18日告示第139号

　星は先人が厳しい風雪に耐え、幸せを求め、敢然と立ち向かった辛苦の歴史を見守り、未来に希望を託した北斗星を表し、北の都市旭川市を象徴している。

　星の5つの稜角は5章からなる市民憲章と雄々しく躍進する旭川市を表し、白色は雪と氷の厳酷な風土を表し、濃い赤色は北海道の中央で燃え続けている開拓者精神と市民の不屈のエネルギーを、地色の濃い青色は、いつまでも若さを失うことのない青年の意志と恵まれた自然と文化を象徴している。

　旗の縦横比率は7対10。

旭川市旗
Asahikawa city flag

(1)-3　函館市　市旗制定　1968年6月11日告示第40号

　北海道最古の歴史を持ち、さらには近代化の理想に向かって躍進を続ける函館市の姿を内外に顕彰すると共に、函館市の象徴である左回り一つ巴の市章に伝統的な誇りと親しみを持たせ、広く市民に愛用されるように市旗を制定した。

　市旗は明治初期に市の象徴として用いられていた五稜星と津軽海峡に突出した岬の角に抱かれた形をしており、海水が深く湾入して巴状になっている函館港をかたどった現在の市章を組み合わせて現代的に表現したもので、地色の青色は紺碧の空と海洋を、五稜の赤色は歴史と伝統ある市民の灼熱的な意欲を意味し、巴と五稜を囲む白色は本市が未来に向かって力強く飛躍することを表す。

　旗の縦横比率は2対3。

函館市旗
Hakodate city flag

(2)　青森県　県旗制定　1961年1月1日告示第6号

　県旗は三方に海をめぐらし、変化に富んだ海岸線と、そこに織りなされる美しい風光に、明るい郷土の姿を託して県の地形を図案化したもので、白地は無限に広がる宇宙世界、ヒバの木に覆われた青森にゆかりのある深緑色は、躍進発展してやまない希望と未来を表す。

　旗の縦横比率は7対10。

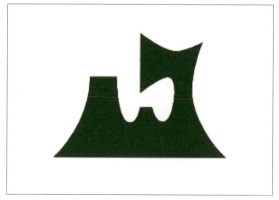

青森県旗
Aomori prefecture flag

(2)-1　県庁所在地：青森市　市旗制定 2005年5月12日告示第57号

　市旗は旗面に青森を象徴する「青」の字を図案化し、円は青の字の「月」を意味し、星の7つの突角は青の字の月を除いた部分で北斗七星になぞらえ、青森市が本州の北端であることを表した青森市章を中央に配し、清潔な市民を表す白色を地の色に、星の部分には豊かな自然の緑色を、周りの輪の部分には陸奥湾の海の青色を配色し、全体的に豊かな自然あふれる青森市を象徴したもの。

　旗の縦横比率は7対10。

青森市旗
Aomori city flag

(2)-2　八戸市　市章制定 1931年8月27日

　市旗は「八戸」の2字と旧南部藩の「向鶴の紋」を組み合わせて図案化した赤色の市章を中央に配した白色旗。

八戸市旗
Hachinohe city flag

(3)　岩手県　県旗制定 1965年3月6日

　岩手県の頭文字である「岩」を上下対称に図案化し、住み良い豊かな郷土へと躍進する姿を示す白色の県章を中央に配した納戸色(グリニッシュグレー)の旗。納戸色は、変化に富んだ岩手の海岸、その海と空の青を表徴するのにふさわしい色である。

　旗の縦横比率は2対3。

岩手県旗
Iwate prefecture flag

(3)-1　県庁所在地：盛岡市　市旗制定 1996年10月23日告示第350号

　市旗は旧南部藩で陣笠などに使用された2個の菱形を直角に交差させた白色の市章を中央に配した緑色旗。

　旗の縦横比率は2対3。

盛岡市旗
Morioka city flag

4. 都道府県市町村旗　Prefectural Flags and Municipal Flags　203

(4) 宮城県　県旗制定　1999年11月16日告示第1294号

　県旗は「み」を県花のミヤギハギの3枚の葉に図案化し、中央の葉は県の悠久と発展、向かって左の葉は県民の融和・協力、向かって右の葉は郷土愛を示す白色の県章を中央に配した濃緑色旗。

　旗の縦横比率は2対3。

宮城県旗
Miyagi prefecture flag

(4)-1　県庁所在地：仙台市　市章制定　1933年9月5日告示第109号

　市旗は仙台藩伊達家紋「三つ引両」から考案され、「仙」の字を図案化した白色の市章を中央に配した紫色旗。

仙台市旗
Sendai city flag

(5) 秋田県　県旗制定　1959年11月3日告示第380号

　県旗は「ア」を図案化し、県勢の飛躍、発展する姿を示す白色の県章を中央に配した朱茶色旗。旗の縦横比率は7対10。旗竿は向かって右にくる。

秋田県旗
Akita prefecture flag

(5)-1　県庁所在地：秋田市　市章制定　1928年6月8日告示第25号

　市旗は旧秋田藩佐竹氏居城久保田城の別名矢留の形と「田」の字を組み合わせた白色の市章を中央に配した緑色旗。

秋田市旗
Akita city flag

(6) 山形県　県旗制定 1971年4月16日告示第478号

　県旗は山型は白抜き、地色は明るい青色と定められている。3つの山の形は日本百名山にも選ばれている鳥海山、月山、山岳修験の山として知られる羽黒山や湯殿山などの山形県の山々を表すと同時に、県の文化や歴史に深く関わり、県民歌にもなっている最上川の流れも表している。また、鋭角な三角形は県の発展を期する意味も含んでいる。青色は郷土の自然に託して、県民の平和に寄せる念願と理想を示し、白色は蔵王の樹氷など山々の雪を示して純朴な県民性を表徴している。

　旗の縦横比率は2対3。

山形県旗
Yamagata prefecture flag

(6)-1　県庁所在地：山形市　市旗制定 1964年12月11日

　市旗は中央に白色の市章を配した緑色旗で、市章の3線は自由、平等、友愛、外円は団結、下の鋭角は固い意志を意味し、これらを「山」の字で表現したもの。

　旗の縦横比率は2対3。

山形市旗
Yamagata city flag

(7) 福島県　県旗制定 1968年10月23日告示第1067号

　県旗はホイスト寄りに白色の県章を配した赤橙色旗。県章は平仮名の「ふ」の字を図案化し、県民の融和と団結、県の着実な前進を象徴したもの。

　旗の縦横比率は2対3。

福島県旗
Fukushima prefecture flag

(7)-1　県庁所在地：福島市　市章制定
1924年6月4日告示第28号
　市旗は中央に白色の市章を配した赤橙色
旗。市章は外側は「フ」の字9字をもって、
内側は「マ」の字4字をもって組み合わせ
て福島を表し、四囲への発展を示す。

福島市旗
Fukushima city flag

(7)-2　いわき市　市章制定　1967年10
月1日告示第135号
　市旗は中央に白色の市章を配したえんじ
色旗。市章はいわき市の頭文字「い」を図
案化したもので、市の発展と融和団結、円
満、平和を表徴したもの。

いわき市旗
Iwaki city flag

(7)-3　郡山市　市章制定　1967年4月1日
告示第86号
　市旗は中央に赤色の市章を配した白色
旗。市章は「山」の字の小篆を図案化した
もので、藩政時代から郡山代官支配下「郡山」
の標識として長い間使用されてきたもの。

郡山市旗
Kooriyama city flag

(8)　茨城県　県旗制定　1991年11月13
日告示第1232号
　県旗は中央に白色の県章を配した鮮やか
な青色旗。県章は開き始めたバラの蕾を象
徴化し、新しい時代を先導する茨城県の「先
進性」「創造性」「躍動」「発展」を表現し
たもの。青色は茨城県を象徴する筑波山と
太平洋を色彩的に表現している。
　旗の縦横比率は2対3。

茨城県旗
Ibaraki prefecture flag

(8)-1　県庁所在地：水戸市　市章制定
1933年12月23日

　市旗は中央に白色の市章を配した青色旗。市章は水戸市の「水」を図案化したもので、たくましく四方に伸び行く姿を表現し、その中にミトの「ト」を3つ合わせて芯とし、トを横にして下で受け止めている。

水戸市旗
Mito city flag

(9)　栃木県　県旗制定　1964年3月1日

　県旗は中央に白色の県章を配した黄緑色旗。県章は「栃」を図案化し、3本の矢印は「木」の古代文字でエネルギッシュな向上性と躍動感を表現したもの。
　旗の縦横比率は7対10。

栃木県旗
Tochigi prefecture flag

(9)-1　県庁所在地：宇都宮市　市旗制定
1972年4月1日告示第61号

　市旗は中央に白色の市章を配したえんじ色旗。市章は、かつて宇都宮城が亀が城と言われていたのにちなみ、亀甲形と宇都宮の「宮」の文字を図案化したもので、古い歴史を持つ郷土の万年にわたる栄光と限りない発展を表徴するもの。
　旗の縦横比率は5対7。

宇都宮市旗
Utsunomiya city flag

(10)　群馬県　県旗制定　1968年10月25日告示第553号

　県旗は中心に白字で県民の和を表す丸い「群」の偏（君）とつくり（羊）を縦に組み合わせ、周囲の3つの白色の月形は赤城、榛名、妙義の上毛三山を力強く飛躍的に図案化し、伸び行く群馬の姿を象徴したもの。地色の紫色は文化の栄えを表している。
　旗の縦横比率は2対3。

群馬県旗
Gunma prefecture flag

4. 都道府県市町村旗　Prefectural Flags and Municipal Flags

(10)-1　県庁所在地：前橋市　市章制定
1909年

　市旗は中央に白色の市章を配した紫色旗。市章は旧藩主である松平氏の馬印「輪貫」から取り入れたもの。

前橋市旗
Maebashi city flag

(10)-2　伊勢崎市　市旗制定 2005年2月28日告示第66号

　市旗は中央に赤色の市章を配した白色旗。市章はこの地にゆかりの深い勾玉を用いて、伊勢崎の「い」の字をデザインしたもので、市民の融和と市の発展を示している。

　旗の縦横比率は2対3。

伊勢崎市旗
Isesaki city flag

(10)-3　太田市　市章制定 2005年6月28日告示第91号

　市旗は中央に黒色の市章を配した白色旗。市章はかつて、この地を治めていた新田氏の旗印の大中黒をベースに、右下に市名を平仮名で入れ、大中黒に脈々と受け継がれている伝統と革新の精神を表している。

太田市旗
Ota city flag

(10)-4　高崎市　市旗制定 1981年1月1日

　市旗は中央に白色の市章を配した紫色旗。市章は「高」の古字を上下2個組み合わせて四隅に先端を配し、この先端は先四を意味し「崎市」を表している。

　旗の縦横比率は2対3。

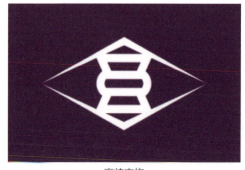
高崎市旗
Takasaki city flag

(11)　埼玉県　県旗制定 1965年9月1日告示第652号

　県旗は中央に赤色の県章を配した白色旗。県章は勾玉を16個円形に並べ、幸徳を持つ人々の集まる埼玉県を具象化したもので、勾玉は昔の人が首飾りにしたり、お祭りのときに使った大切なもの。埼玉県名の由来である「幸魂(さきみたま)」の「魂」は「玉」の意味でもあり、勾玉は埼玉県にゆかりの深いものとなっている。これを丸く並べ「太陽」「発展」「情熱」「力強さ」を表している。

　白地は清潔、融和を表している。

　旗の縦横比率は2対3。

埼玉県旗
Saitama prefecture flag

(11)-1　県庁所在地：さいたま市　市旗制定 2001年10月25日告示第543号

　市旗は中央に緑色と黄緑色の市章を配した白色旗。市章はさいたま市の頭文字「S」をモチーフに、未来に向かって人もまちも生き生きと前進するイメージのデザイン。「S」を挟むように黄緑色の弧を描くことで市民を暖かく包みながら共に発展していくこと、輪（和）が広がり融和していくことを表現している。基調となる緑色は見沼たんぼに代表される豊かな自然との調和を示す。

　旗の縦横比率は2対3。

さいたま市旗
Saitama city flag

(11)-2　上尾市　市旗制定 1966年7月1日告示第33号

　市旗は中央に赤色の市章を配した白色旗。市章は上尾の「ア」の頭文字を鋭く描いて進展の象徴とし、円形は円満、団結を表現したもの。

　旗の縦横比率は2対3。

上尾市旗
Ageo city flag

(11)-3　春日部市　市章制定 2006年3月17日

　市旗は中央に緑色の市章を配した白色旗。市章は春日部市の「春」の文字をモチーフに、自然溢れる緑の新市と旧2市町を表した2本の緑のライン、未来を表す正円と飛翔する市民が描かれ、また、市民一人ひとりがお互いに協力して新市のまちづくりに励み、「市民主役・環境共生・自立都市」を目指して飛躍と発展を続けるまちづくりを推進する願いが込められている。

春日部市旗
Kasukabe city flag

(11)-4　川口市　市旗制定 1965年7月16告示第49号

　市旗は中央に鉄色の市章を配した薄黄色旗。市章は外側三重の円形が「川」を、中心の菱形が「口」を表す。
　旗の縦横比率は2対3。

川口市旗
Kawaguchi city flag

(11)-5　川越市　市旗制定 1922年12月1日

　市旗は中央に赤色の市章を配した白色旗。中央に川越の「川」を置き、周囲に片仮名の「コエ」を配し川越を象徴したもの。
　旗の縦横比率は2対3。

川越市旗
Kawagoe city flag

(11)-6　越谷市　市章制定 1955年1月10日

　市旗は中央に赤色の市章を配した白色旗。市章の10個の外輪の連形は合併関係町村である10カ町村の合併和合を表す。中央の4個の片仮名「コ」で「越」の意を示す。中心は「谷」の文字を図案化したもの。

越谷市旗
Koshigaya city flag

(11)-7　草加市　市章制定 1958年11月1日

　市旗は中央に赤色の市章を配した白色旗。市章は「草」の古字「艸」と「カ」の図案化で、3個の円は2町1村（草加町、谷塚町、新田村）の合併を示す。これを繋ぐ3線も3地区の編入を表したもの。

草加市旗
Souka city flag

(11)-8　所沢市　市旗制定 1983年9月1日告示第211号

　市旗は中央に緑色の市章を配した白色旗。市章は所沢の地名のおこりとなったと言われているヤマノイモ科のつる草の野老（ところ）の葉を図案化したもので、周りは片仮名の「ワ」を3個合わせたもので、和をモットーにした市づくりへの願いが込められている。

　旗の縦横比率は7対10。

所沢市旗
Tokorozawa city flag

(12)　千葉県　県旗制定 1963年7月29日告示第328-2号

　県旗は中央に白色、薄黄色の県章を配した地色が空色の旗。県章は片仮名の「チ」と「ハ」を図案化したもので千葉県の躍進を表し、空色は希望と将来の発展、さらに青空に託した高い理想を表している。県章は薄黄色で縁取ってあるが、県花である菜の花を示し、千葉の自然を象徴すると共に、社会を明るくし、郷土を大事にする気持ちを託したものである。

　旗の縦横比率は2対3。

千葉県旗
Chiba prefecture flag

(12)-1　県庁所在地：千葉市　市旗制定 1966年2月28日告示第9号

　市旗は中央に白色の市章を配した濃緑色旗。市章は千葉市の開祖千葉氏の月星の紋章から取ったもの。千葉氏の紋章は月星・九曜星の併用で、この月星と千葉市の「千」を組み合わせたもの。

　旗の縦横比率は2対3。

千葉市旗
Chiba city flag

(12)-2　市川市　市章制定 1937年2月22日議決

　市旗は中央に白色の市章を配した紫色旗。市章は漢字の「市」の字を外側の円形で表した「川」の字で囲んだもの。

市川市旗
Ichikawa city flag

(12)-3　市原市　市旗制定 1980年2月20告示第13号

　市旗は中央に白色の市章を配した群青色旗。市章は市原市の「市」の字を図案化して和と団結を象徴し、併せて産業と文化の飛躍発展を表している。
　旗の縦横比率は2対3。

市原市旗
Ichihara city flag

(12)-4　柏市　市旗制定 1984年11月13日告示第99号

　市旗は中央に白色の市章を配した青緑色旗。市章は平仮名の「かしわ」の3文字を図案化したもの。
　旗の縦横比率は2対3。

柏市旗
Kashiwa city flag

(12)-5　船橋市　市旗制定 1973年5月1日告示第38号

　市旗は中央に白色の市章を配した紫色旗。市章は「舟」の文字を図案化したもので、船橋市の生々発展を象徴している。
　旗の縦横比率は2対3。

船橋市旗
Funabashi city flag

(12)-6　松戸市　市章制定　1949年12月27日告示第52号

　市旗は中央に白色の市章を配した緑色旗。市章は旭日の天に昇る姿を表して、市勢の飛躍的発展を象徴し、併せて片仮名で「マツド」の字を図案化し、浮き出したもの。

松戸市旗
Matsudo city flag

(13)　東京都　都旗制定　1964年10月1日告示第1042号

　都旗は中央に白色の都章を配した江戸紫色旗。都章は「日本」と「東京」の文字を図案化し、東京の限りない発展を願い、太陽を中心に6方に光が放たれているさまを表し、日本の中心としての東京を象徴しているもの。地色は東京に古くから縁の深い江戸紫色を使っている。

　旗の縦横比率は2対3。

東京都旗
Tokyo metropolis flag

(13)-1　都庁所在地：特別区　新宿区　区章制定　1967年3月15日告示第21号

　区旗は中央に白色の区章を配した紫色旗。区章は古来から堅実さを表すと言われる菱形を原型に「新宿区」の新の字を一筆で勢いよく描いたもので、新宿区が将来に向かってますます堅実に発展していく意を表徴するもの。

新宿区旗
Shinjuku city flag

(13)-2　特別区　足立区　区旗制定　1991年1月1日告示第3号

　区旗は中央に白色の区章を配した江戸紫色旗。

　区章は漢字の「足」の字を図案化したもの。

　区旗の縦横比率は2対3。

足立区旗
Adachi city flag

4. 都道府県市町村旗　Prefectural Flags and Municipal Flags　213

(13)-3　特別区　荒川区　区章制定　1950年5月2日告示第41号

　区旗は中央に白色の区章を配した緑色旗。区章は上部半径を中心に川の字へ連続して「ア」とし、中心水平線と下部半径で「ラ」、中心の縦3本が「川」で、全体の円形は和を象徴している。

荒川区旗
Arakawa city flag

(13)-4　特別区　板橋区　区旗制定　1997年8月1日告示第215号

　区旗は中央に白色の区章を配した紫色旗。区章は片仮名、中央の円の左が「イ」、右が「タ」、円の四方に「ハ」、を4個組み合わせて「ハシ」ををれぞれ表し、区の限りない発展を象徴している。
　旗の縦横比率は2対3。

板橋区旗
Itabashi city flag

(13)-5　特別区　江戸川区　区章制定　1965年8月1日告示第66号

　区旗は中央に白色の区章を配した青色旗。区章はエドガワの頭文字「エ」を躍進上昇する鳩の形に図案化し、限りない発展と平和を象徴、全体の円形は区民の協力と融和を示す。

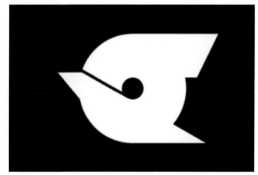

江戸川区旗
Edogawa city flag

(13)-6　特別区　大田区　区章制定　1952年2月15日告示第21号

　区旗は中央に青色の区章を配した白色旗。大田区の区名の由来は昭和22年に当時の大森区と蒲田区から1字ずつ取って命名したもので、区章はこの「大」と「田」の2字を図案化したもの。

大田区旗
Ota city fla

(13)-7　特別区　葛飾区　区章制定　1951年3月31日告示第23—2号

　区旗は中央に白色の区章を配した紫色旗。区章は伸び行く葛飾区を象徴し、「カツシカ」の頭文字の片仮名の「カ」と漢字の「力」を合わせて表現したもの。

葛飾区旗
Katsushika city flag

(13)-8　特別区　北区　区章制定　1952年7月1日告示第44号

　区旗は中央に青色の区章を配した白色旗。区章は「北」の字を図案化して、円形に翼形を付し、力強くダイナミックで飛躍する区の将来を表象するもの。

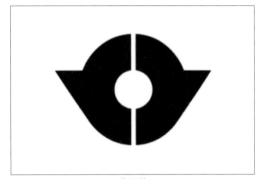

北区旗
Kita city flag

(13)-9　特別区　江東区　区章制定　1951年12月21日告示第39—2号

　区旗は中央に白色の区章を配した青色旗。区章は東京都章と同じ6個の突起を持つ円の中に漢字で「江東」と記したもので、東京都の一部としての江東を象徴したもの。

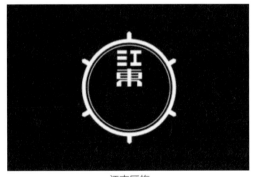

江東区旗
Koto city flag

(13)-10　特別区　品川区　区章制定　1983年4月1日告示第61号

　区旗は中央に白色の区章を配した青色旗。区章は「品」の文字を図案化したもので、友愛、信義、協力をもって区発展のかなめとし、推進機を形づくり、たゆみない前進と勤労を象徴したもの。

品川区旗
Shinagawa city flag

(13)-11　特別区 渋谷区　区章制定
1956年10月1日告示第28号

　区旗は中央に白色の区章を配した紫色旗。区章は漢字の「渋」の文字を円形に図案化したもの。

渋谷区旗
Shibuya city flag

(13)-12　特別区 杉並区　区旗制定
1980年12月1日告示第291号

　区旗は中央に白色の区章を配した緑色旗。区章は漢字の「杉」の文字を図案化したもの。
　旗の縦横比率は2対3。

杉並区旗
Suginami city flag

(13)-13　特別区 墨田区　区章制定 1957年5月15日告示第34号

　区旗は中央に白色の区章を配した青色旗。区章は片仮名の「ホ」と「ム」を組み合わせることで、墨田区が昭和22年に本所区と向島区の合併により誕生したことを表し、墨田区の頭文字である片仮名の「ス」を3つ組み合わせた剣を三方に伸ばしたようなデザインには、墨田区が限りなく将来に向けて発展して行くようにという願いが込められている。

墨田区旗
Sumida city flag

(13)-14　特別区 世田谷区　区章制定
1990年3月31日告示第51号

　区旗は中央に白色の区章を配した紫色旗。区章の外輪の円は区内の平和、中心は「世」の文字が三方に広がり、人々の協力と区の発展を意味している。

世田谷区旗
Setagaya city flag

(13)-15　特別区　台東区　区旗制定
1965年6月4日告示第34号

　区旗は中央に白色の区章を配した暗紅色旗。区章は漢字の「台」で周りの白は「東」を表す。

　旗の縦横比率は2対3。

台東区旗
Taito city flag

(13)-16　特別区　中央区　区章制定
1948年7月31日議決

　区旗は中央に白色の区章を配した青色旗。区章は古くから江戸繁華の基礎となった日本橋、京橋の欄干擬宝珠を図案化したもので、橋は昔から文化経済の発祥と言われ、四通八達を意味し、中央の小円は日本と東京の中心を表している。

中央区旗
Chuo city flag

(13)-17　特別区　千代田区　区章制定
1950年3月26日告示第11号

　区旗は中央に白色の区章を配した紫色旗。円の中に「千代田」の「千」を鶴の飛ぶ姿に図案化し、さらにこれを平仮名の「よ」に似せ、全体を「田」と読んで千代田を表徴している。

千代田区旗
Chiyoda city flag

(13)-18　特別区　豊島区　区旗制定
1982年10月1日告示第140号

　区旗は中央に白色の区章を配した江戸紫色旗。区章の外輪は12弁の菊花、内輪は丸型の東京都の亀甲紋章を表し、中心に「豊」の文字をあしらったもの。

　旗の縦横比率は2対3。

豊島区旗
Toshima city flag

4. 都道府県市町村旗　Prefectural Flags and Municipal Flags　217

(13)-19　特別区　中野区　区章制定
1940年
　区旗は中央に白色の区章を配した紫色旗。区章は漢字の「中」と平仮名の「の」を図案化したもの。

中野区旗
Nakano city flag

(13)-20　特別区　練馬区　区旗制定
1984年1月1日告示第1号
　区旗は中央に白色の区章を配した江戸紫色旗。区章は片仮名の「ネ」の字と馬のひずめを組み合わせて図案化したもので、練馬区が平和で健康的な明るいまちに発展して行くようにとの願いが込められている。
　旗の縦横比率は2対3。

練馬区旗
Nerima city flag

(13)-21　特別区　文京区　区章制定
1951年3月1日告示第10号
　区旗は中央に白色の区章を配した紫色旗。区章は漢字・頭文字の「文」の字を円形に図案化したもの。

文京区旗
Bunkyo city flag

(13)-22　特別区　港区　区章制定
1949年7月30日告示第101号
　区旗は中央に白色の区章を配した紫色旗。区章は旧「芝・麻布・赤坂」の3字である平仮名の「み」を力強く円の中に図案化したもの。

港区旗
Minato city flag

(13)-23 特別区 目黒区 区旗制定 1977年10月1日告示第134号

　区旗は中央に白色の区章を配した江戸紫色旗。区章は漢字の「目」の文字を六角形に図案化したもの。
　旗の縦横比率は2対3。

目黒区旗
Meguro city flag

(13)-24 調布市 市章制定 1955年10月1日

　市旗は中央に白色の市章を配した紫紺色旗。市章はちょうふの「ち」を図案化し、市民の協和と無限に伸展する市勢を象徴したもの。

調布市旗
Chofu city flag

(13)-25 八王子市 市旗制定2008年4月1日告示第132号

　市旗は中央に白色の市章を配した紫色旗。市章は片仮名の「ハチ」と漢字の「八王」の文字を円形に図案化したもの。
　旗の縦横比率は2対3。

八王子市旗
Hachioji city flag

(13)-26 府中市 市章制定 1954年8月7日

　市旗は中央に白色の市章を配した緑色旗。府中の「ふ」と「中」を組み合わせて、市民相互のまどかな結びつきを表現している。中央は多摩川の清流をかたどり、市の将来の永遠なる発展を象徴している。

府中市旗
Fuchu city flag

4. 都道府県市町村旗　Prefectural Flags and Municipal Flags

(13)-27　町田市　市旗制定 2012年7月17日告示第54号

　市旗は中央に白色の市章を配した紫色旗。市章はマチダの片仮名「マチ」の2字をもって「田の字型」に図案化して、市民の和合団結と中央の鳥形は平和と発展を表徴している。

　旗の縦横比率は2対3。

町田市旗
Machida city flag

(14)　神奈川県　県章制定 1948年11月3日

　県旗は中央に黄口朱色の県章を配した白色旗。県章は漢字の「神」の文字を図案化したもので正しい理想と美しい団結を示す。黄口朱色は国旗の日章と同じで、日本の表玄関にふさわしい色として選ばれた。

神奈川県旗
Kanagawa prefecture flag

(14)-1　県庁所在地：横浜市　市章制定 1909年6月5日告示第44号

　市旗は中央に赤色の市章を配した白色旗。市章は片仮名の「ハマ」を菱形に図案化したもの。

横浜市旗
Yokohama city flag

(14)-2　厚木市　市章制定 1955年3月22日

　市旗は中央に赤色の市章を配した白色旗。市章は「あつぎ」の3文字と鮎3尾を図案化し、市民の和合と発展を示す。

厚木市旗
Atsugi city flag

(14)-3　小田原市　市章制定 1941年6月26日告示第25号

　市旗は中央に白色の市章を配した青色旗。市章は波頭で梅の花をかたどり、梅の名所で漁業が盛んなことを表している。

小田原市旗
Odawara city flag

(14)-4　川崎市　市旗制定 1965年6月18日告示第57号

　市旗は中央に藍色の市章を配した白色旗。市章の図柄の漢字「川」は単に川崎市の頭文字である漢字「川」という字を表すだけでなく、市民の歴史と共に流れ続ける多摩川と、それと同じように発展する川崎市を象徴している。
　旗の縦横比率は7対10。

川崎市旗
Kawasaki city flag

(14)-5　相模原市　市章制定1954年12月1日規則19号

　市旗は中央に赤色の市章を配した白色旗。相模原市の頭文字である「サ」三つと片仮名「ハラ」の文字を図案化して、市民が互いに手を取り合って明るく和やかに進む姿を象徴している。

相模原市旗
Sagamihara city flag

(14)-6　茅ヶ崎市　市章制定 1957年10月1日

　市旗は中央に赤色の市章を配した白色旗。市章は茅ヶ崎市の頭文字である片仮名「チ」の文字を図案化した円形は市の融和と団結を表し、翼状平行線は飛躍、発展を象徴している。

茅ヶ崎市旗
Chigasaki city flag

(14)-7　平塚市　市章制定　1932年10月1日告示第26号

　市旗は中央に白色の市章を配した青色旗。市章は平塚市の頭文字である漢字の「平」の文字を円形に図案化したもの。

平塚市旗
Hiratsuka city flag

(14)-8　藤沢市　市章制定　1950年10月1告示第65号

　市旗は中央に青色の市章を配した白色旗。市章は藤沢市の頭文字である片仮名「フジ」の文字を図案化したもので、躍進観光都市を近代的爽快、発展的雄飛の象徴として表現している。

藤沢市旗
Fujisawa city flag

(14)-9　大和市　市章制定　1953年11月3日

　市旗は中央に赤色の市章を配した白色旗。市章は躍進する大和市の頭文字である漢字「大」の字の全体を円形にかたどり、鳥が翼を広げたような形は大和市の円満な飛躍発展を表徴している。

大和市旗
Yamato city flag

(14)-10　横須賀市　市章制定　1912年3月16日告示第17号

　市旗は中央に赤色の市章を配した白色旗。市章は中央に横須賀市の頭文字である片仮名「ヨコ」を抱き合わせて三浦氏の家紋である「丸に三つ引」を配し、周囲は港を象徴して艦隊の羅針盤をかたどったもの。

横須賀市旗
Yokosuka city flag

(15) 新潟県　県旗制定 1963年8月23日

　県旗は中央に金色の県章を配した赤色旗。新潟の「新」を中心に「ガタ」を円形に模様化し、融和と希望を表し、県勢の円滑な発展を託している。

　地色の赤色は雪国の厳寒を乗り越えて躍進する新潟の力と情熱を、金色は県民の希望と融和を表現している。

　県章は白色を使用しても良い。

　旗の縦横比率は2対3。

新潟県旗
Niigata prefecture flag

(15)-1　県庁所在地：新潟市　市章制定 1908年3月4日告示第10号

　市旗は中央に白色の市章を配した黄緑色旗。錨は港を表し、中央の五の字は五港、雪環は越後を表し、新潟市が日本五港の一つであることを表現している。

　ちなみに五港とは幕末から明治時代にかけて対外貿易の門戸として開かれた新潟、箱館（函館）、神奈川（横浜）、兵庫（神戸）、長崎の5つの開港を意味する。

新潟市旗
Niigata city flag

(15)-2　上越市　市旗制定 1972年12月23日告示第101号

　市旗はグレーグリーン色の地の中央に市章を配した旗。市章は上越市の「上」を緑色の円の中に草書体で白字で表し、若葉を思わせる形は、新しい日本海時代に向かって限りない発展を表現したもの。

　旗の縦横比率は2対3。

上越市旗
Joetsu city flag

(15)-3　長岡市　市旗制定 1977年10月11日告示第46号

　市旗は中央にライトブルー色の市章を配したオレンジ色旗。魅力ある地方中核都市として限りなく発展する長岡市を漢字の「長」の字を図案化して、不撓不屈の不死鳥の姿に託して表現したもの。

　旗の縦横比率は3対4。

長岡市旗
Nagaoka city flag

(16)　富山県　県章制定1988年12月27日告示第1393号

　県旗は中央に緑色の県章を配した白色旗。県章は富山県のシンボルでもある立山をモチーフに、その中央にとやまの「と」を配し、大空に向かい躍進する県を表現している。

富山県旗
Toyama prefecture flag

(16)-1　県庁所在地：富山市　市章制定 2006年1月4日告示第1号

　市旗は中央に白色の市章、底部に雪の積もる立山連峰を描いた空色旗。市章は富山藩祖前田利次の時代に町役所の徽章として使用され、その後も代々富山藩で使われてきた「16弁角菊花紋」で明治41年に角を斜めに変更し、さらに中心に富山の「富」の文字を加えて市章としたもので、市勢の四方に伸展する意を象徴する。

富山市旗
Toyama city flag

(17)　石川県　県旗制定 1972年10月3日

　県旗は中央に白色の県旗標章を配した青色旗。標章は「石川」の文字と地形能登半島を図案化し、地色は青色で日本海と豊かな緑、澄んだ空気、清らかな水と言う恵まれた自然を表している。

　旗の縦横比率は31対44。

石川県旗
Ishikawa prefecture flag

(17)-1　県庁所在地：金沢市　市章制定 1891年3月7日議決

　市旗は中央に白色の市章を配した紫色旗。市章は藩主前田氏家紋の梅鉢の紋章から梅の花を線で描き、その中に金沢を意味する「金」の文字を入れたもの。

金沢市旗
Kanazawa city flag

(18) 福井県　県章制定 1997年12月26日告示第932号

　県旗は中央に白色の県章を配した藍色旗。県章は「フクイ」の3文字を図案化し、伸び行く福井県の発展の願いを双葉から萌え出る若芽で表現したもの。

福井県旗
Fukui prefecture flag

(18)-1　県庁所在地：福井市　市旗制定 1963年9月1日告示第100号

　市旗は中央に濃緑色の市章を配した白色旗。福井の地名の由来で福井城内にあった名水「福ノ井」を表す漢字の「井」の文字に福井市の旧称である北ノ庄の「北」の字を組み合わせ、古きを生かし、新しい時代への発展と繁栄を表現したもの。

　旗の縦横比率は11対15。

福井市旗
Fukui city flag

(19)　山梨県　県旗制定 1966年12月1日告示第262号

　県旗は中央に白色の富士山の中に黄色の3つの人文字を配した葡萄色旗。

　3つの人文字で山梨の山々をかたちどり、和と協力を表現している。

　流動的にデザインされた清廉、潔白な富士山は県民の無限の希望と飛躍を願ったものである。

　旗の縦横比率は7対10。

山梨県旗
Yamanashi prefecture flag

(19)-1　県庁所在地：甲府市　市旗制定 1906年10月13日議決

　市旗は中央に葡萄色の市章を配した白色旗。葡萄色は特産品の葡萄、白色は純潔と平和思想を表す。市章の割菱は甲府を居城とする武田氏の家紋を表し、割菱の中の亀甲は甲府の「甲」の字の形象文字で長寿を意味する。

甲府市旗
Kofu city flag

4. 都道府県市町村旗　*Prefectural Flags and Municipal Flags*

(20)　長野県　県旗制定 1967年3月20日公告

　県旗はホイスト寄りに白色と橙色から構成される県章を配した橙色旗。地色の橙色は県土に降り注ぐ太陽の光を表したもので、四季を通じて自然の色の鮮やかさに映え、県勢の躍動し、発展する姿を象徴する。白色は日本の屋根長野県の雪と清純かつ明朗な県民性を表す。県章は長野県の頭文字の片仮名「ナ」を円形の中に図案化し、雄飛する鳥を形づくり、さらに「ナ」の横棒を中心に山と、それを湖に映す姿を表している。これは長野県の自然と県民の友愛と団結により、あらゆる難関を切り開いて、未来に向かって飛躍し、発展する姿を象徴している。

　旗の縦横比率は2対3。

長野県旗
Nagano prefecture flag

(20)-1　県庁所在地：長野市　市旗制定 1967年3月27日告示第27号

　市旗は中央に白色と青竹色から構成される市章を配した白色旗。青竹色は長野市の美しい青空と清らかに澄んだ水を表す「青」と、人々に安らぎを与える木々や草花を表す「緑」が融合した色で、美しく豊かな自然と共生しながら、飛躍発展する長野市の姿を象徴している。市章は長野市の頭文字の「長」を単純化し、円形に図案化したもので、新しい都市のイメージを重みと格調をもって、近代的な形で表している。これは市民の融和と団結により未来に向かって飛躍発展する長野市の姿を象徴している。

　旗の縦横比率は2対3。

長野市旗
Nagano city flag

(20)-2　松本市　市章制定 1938年1月8日告示第2号

　市旗は中央に白色の市章を配したえんじ色旗。市章の外側の円は陽春の若松を表し、市の将来の円満な発展を象徴している。円の中心は「本」の字によって六合を表し、宇宙に松本市の光輝発揚を願い、形は雪の結晶を表している。又、突起の部分は北アルプスの山岳を意味し、六角は松本藩6万石の歴史的意味、或いは旧藩主戸田氏の六星紋所の意味も含まれている。

松本市旗
Matsumoto city flag

(21)　岐阜県　県章制定　1932年8月10日告示第424号

　県旗は中央に緑色の県章を配した白色旗。県章は岐阜県の頭文字の漢字「岐」を図案化し、それを円で囲んで郷土の平和と円満を表現したもの。緑色は県下の自然の美しさを表している。

岐阜県旗
Gifu prefecture flag

(21)-1　県庁所在地：岐阜市　市章制定　1909年6月27日

　市旗は中央に赤色の市章を配した白色旗。岐阜市は往古「井の口」と言い、織田信長公によって「岐阜」の名が全国に広められた。この深き由緒に基づき、井の口の「井」をもって市の象徴とし、これを市章と定めている。

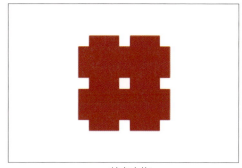

岐阜市旗
Gifu city flag

(22)　静岡県　県旗制定　1968年9月17日告示第632号

　県旗は中央に白色とオレンジ色から構成される県章を配した青色旗。地色の青色は果てしなく広がる大空と太平洋を表し、静岡県の躍進と発展を象徴し、県章のオレンジ色は県民の情熱、団結、そして静岡県の明るい陽光を表している。
　県章は富士山と駿河湾で静岡県の地形を図案化したもの。
　旗の縦横比率は2対3。

静岡県旗
Shizuoka prefecture flag

(22)-1　県庁所在地：静岡市　市旗制定　2003年5月29日告示第121号

　市旗は中央に白色と青色から構成される市章を配した青色旗。青色は清潔感と透明性を表し、空や海のようにどこまでも続く国際性、開放感を表現している。
　市章は静岡・清水そして新「静岡市」の頭文字「S」を発想の基本に、自然と都市機能が見事に調和した豊かな都市イメージを表現している。日本のシンボルである富士山と駿河湾の波のシンプルな造形が、活力あふれる未来、交流・連帯を基盤に飛躍する新しい都市、広がる市民の豊かな暮らしを感じさせる。
　旗の縦横比率は2対3。

静岡市旗
Shizuoka city flag

(22)-2　浜松市　市章制定 2005年6月28日告示第322号

市旗は中央に緑色と青色から構成される市章を配した白色旗。市章は上下対称的なデザインで自然環境の循環と共生の形であり、緑色の上部は浜松市北部の豊かな森林を、青色の下部は浜名湖と遠州灘の美しい海を表している。白色の波の形は遠州灘の白波であり、浜松市の躍動と発展を表現している。

浜松市旗
Hamamatsu city flag

(22)-3　富士市　市章制定 1967年3月1日告示第8号

市旗は中央に緑色の市章を配した白色旗。市章は富士市の誇りであり、世界に名高い富士山を真ん中に配置し、外円は合併した旧2市1町を表し、その下の、3本の曲線は田子浦港より諸外国に向かって限りない発展をしていく富士市の産業を表現し、外円と色彩の緑色及び富士山両側の空間は新都市の基本方針である「太陽と緑と空間のある都市」を表現したもの。

富士市旗
Fuji city flag

(23)　愛知県　県章制定 1950年8月15日

県旗は中央に白色の県章を配したえんじ色旗。県章は「あいち」の文字を図案化し、太平洋に面した県の海外発展性を印象づけ、希望に満ちた旭日波頭を表している。

愛知県旗
Aichi prefecture flag

(23)-1　県庁所在地：名古屋市　市章制定 1907年10月30日告示第93号

市旗は中央に赤色の市章を配した白色旗。市章は尾張徳川家の合印「丸に八の字」で、名古屋市が将来に向かって限りなく発展する象徴として市民に広く親しまれている。丸は無限に広がる力、八は末広がりで発展を表している。

名古屋市旗
Nagoya city flag

(23)-2　一宮市　市旗制定1966年6月8日通達第1号

　市旗は中央に紺色の市章を配した白色旗。市章は真清田神社の五鈴鏡をかたどり、中に漢字の「一」を入れたもの。

　旗の縦横比率は10対13。

一宮市旗
Ichinomiya city flag

(23)-3　岡崎市　市旗制定 1962年4月1日条例第9号

　市旗は中央に赤色の市章を配した白色旗。市章は外周りに竜の爪が宝珠をつかんだ形を配し、その中に岡崎の「岡」の漢字を図案化したもの。岡崎城は別名「竜が城」とも呼ばれており、この地には竜神が住み、城が築かれると、その守護神となり、敵が攻めてきた時には、必ず雲で城を覆って守ったと言い伝えられている。この故事を取り入れ市章には竜の爪が描かれている。

　旗の縦横比率は2対3。

岡崎市旗
Okazaki city flag

(23)-4　春日井市　市旗制定 990年3月31日告示第41号

　市旗は中央に赤色の市章を配した白色旗。市章の外枠は、平和な桜花で「春」を、中央の日の丸は太陽のごとく燃え盛り永久に発展する「日」を、「井」は合併した町村が永遠に手を結び合って行く市民の協和を表している。

　旗の縦横比率は7対10。

春日井市旗
Kasugai city flag

(23)-5　豊田市　市旗制定 1970年2月27日告示第11号

　市旗は中央に紺色の市章を配した白色旗。市章は豊田市が昔「衣の里」と呼ばれていたことから「衣」の文字を図案化し、旧挙母藩内藤氏紋の菱形にかたどったもの。

　旗の縦横比率は2対3。

豊田市旗
Toyota city flag

4. 都道府県市町村旗　Prefectural Flags and Municipal Flags

(23)-6　豊橋市　市旗制定　1963年7月1日告示第68号

　市旗は中央に紺色の市章を配した白色旗。市章は江戸時代の旧吉田藩主大河内家の馬印「千切小御馬印」に由来しており、この馬印を真横から見てデザイン化されたもので、千切は結合と団結の意を象徴する。
　旗の縦横比率は2対3。

豊橋市旗
Toyohashi city flag

(24)　三重県　県章制定　2001年1月30日公告

　県旗は中央に白色の県章を配した緑色旗。県章は三重県の頭文字である「み」を力強く図案化し、矢印型は雄飛、左下の円は世界的な真珠養殖を表し、三重県が飛躍することを表現している。緑色は三重県の山並みを表している。

三重県旗
Mie prefecture flag

(24)-1　県庁所在地：津市　市章制定　2006年1月1日告示第1号

　市旗は中央に青色、空色、緑色から構成される市章を配した白色旗。市章は「つ」をモチーフに緑色で自然豊かな大地、青色で伊勢湾の波濤をイメージし、自然に恵まれ、人々のふれあいや、培われた歴史や文化を大切に、希望に満ちた明るい活力ある未来へ大きく飛躍して行く姿を表現している。

津市旗
Tsu city flag

(24)-2　四日市市　市章制定　1897年8月1日

　市旗は中央に赤色の市章を配した白色旗。市章は四日市の「四」と「日」を組み合わせて、図案化したもの。

四日市市旗
Yokkaichi city flag

(25) 滋賀県　県旗制定　1968年9月16日告示第355号

県旗は中央に白色の県章を配した空色旗。県章は片仮名の「シガ」を図案化して左右に配し、中央の空間は琵琶湖をかたどり、全体の円形と上部の両翼は和と飛躍を表現したもの。

旗の縦横比率は2対3。

滋賀県旗
Shiga prefecture flag

(25)-1　県庁所在地：大津市　市章制定 1958年10月1日

市旗は中央に青色の市章を配した白色旗。市章は大津市の「大ツ」を図案化したもので、「大」は鳥の飛躍を形作り、「ツ」は景勝「琵琶湖」の展望を表すもので「大ツ」の文字は国際文化観光都市の躍進発展を象徴している。

大津市旗
Otsu city flag

(26)　京都府　府旗制定　1976年11月2日告示第628号

府旗は中央に白色と赤金色で構成される府章を配した赤紫色旗。府章の六葉形は古都の格調高い土地柄を表し、中央の漢字「京」の文字を人型模様に表し、全体として全府民のまとまりと、その力の結びつきを表したもの。

旗の縦横比率は5対7。

京都府旗
Kyoto prefecture flag

(26)-1　府庁所在地：京都市　市章制定 1960年1月1日告示第306号

市旗は中央に紫色と金色から構成される市章を配した白色旗。市章は「京」の字を図案化したものに御所車で囲み、唐草を配して図案化したもので、金色と古都を象徴する紫色を使用したもの。

京都市旗
Kyoto city flag

4. 都道府県市町村旗　Prefectural Flags and Municipal Flags

（27） 大阪府　府旗制定　1984年3月30日公告第27号

　府旗は中央に白色の府章を配した青色旗。府章は大阪（OSAKA）の「O」の字を基調として、大阪の希望（明るく）・繁栄（豊かで）・調和（住みよい）を上部三方へ伸びる円で表す。また、商都大阪の繁栄の基礎をつくった豊太閤にちなむ「千成瓢箪」を抽象図形化しながら、全府民の連帯性とその力の結集による無限の可能性を表象したもの。

大阪府旗
Osaka prefecture flag

（27）-1　府庁所在地：大阪市　市章制定　1949年4月1日規則第67号

　市旗は中央に黄色の市章を配した紺色旗。市章は昔、難波江の浅瀬に立てられた澪標（みおつくし）と言う港ゆかりの水路標識で大阪の繁栄は昔から水運と出船入船に負うところが多く、人々に親しまれ、港にもゆかりの深い澪標が市章となったもの。

大阪市旗
Osaka city flag

（27）-2　茨木市　市旗制定　1968年6月13日規則第21号

　市旗は中央に白色の市章を配した紫紺色旗。旗の地色の紫紺色は尊厳さと麗しさの中に希望と創造性を表現し、白色は清純で潔白な市政の姿を表し、将来への輝かしい躍進の茨木市を象徴している。
　市章は「茨」の字を図案化したもので、同時にそれは中央に平和の象徴である鳩を表している。円形は円満な産業文化の発展、鳩は市勢の飛躍向上を表す。
　旗の縦横比率は2対3。

茨木市旗
Ibaraki city flag

（27）-3　岸和田市　市旗制定　1969年12月19日告示第81号

　市旗は中央に赤色の市章を配した白色旗。市章は漢字の「岸」や片仮名の「キ」を図案化した、あるいは市内の欄干橋の「干」から取ったと言われている。
　旗の縦横比率は2対3。

岸和田市旗
Kishiwada city flag

232　第Ⅲ部　近代・現代の旗章　*Modern & Contemporary Flags*

(27)-4 堺市 市章制定 1895年6月17日告示第19号

市旗は中央に青色の市章を配した白色旗。市章は「市」の字を3個組み合わせ、摂津国・河内国・和泉国の境に発達した市の歴史を表している。

堺市旗
Sakai city flag

(27)-5 吹田市 市旗制定 1964年4月4日告示第14号

市旗はホイスト寄りに白色と赤金色から構成される市章を配したコバルト色旗。旗の地色のコバルト色は新鮮な包含性と精神的な平静さの中に理知的な理想を表現し、市章の赤金色は将来への輝かしい希望と躍進する吹田市の発展、白色は清廉潔白な市政を象徴する。市章は漢字の「吹田」を組み合わせて図案化したもので、「吹」は平和のシンボルである鳩をかたちどり、円内の交差する4本の線は「田」を表している。周囲は花弁で、まちが平和で美しく発展することを願ったもの。

旗の縦横比率は60対97の黄金比。

吹田市旗
Suita city flag

(27)-6 高槻市 市旗制定 1971年1月1日告示第1号

市旗は中央に濃紺色の市章を配した白色旗。大阪市と京都市の市章を組み合わせ、高槻の「高」をかたちどったもので、京阪両都のちょうど中間に位置し、大きな役割を果たしながら、両都と共に発展する高槻市の姿を表している。

旗の縦横比率は7対10。

高槻市旗
Takatsuki city flag

(27)-7 豊中市 市章制定 1963年4月1日規則第6号

市旗は中央に白色の市章を配した青色旗。市章は図案化した豊中（トヨナカ）の頭文字「ト」を4個組み合わせて「トヨ（豊）」ともじり、全体の形を「中」と見立てて「豊中（トヨ中）」としたもの。図案文字の突起は豊中市が四方八方へと発展することを象徴している。

豊中市旗
Toyonaka city flag

4. 都道府県市町村旗　Prefectural Flags and Municipal Flags

(27)-8　寝屋川市　市旗制定 1984年9月28日告示第4号

　市旗は中央に濃紺色の市章を配した白色旗。市章の中央の矢印になっている部分は「ネ」と矢、すなわち「寝屋」を示し、左右の半円状の部分と矢印は合わせて「川」を表しており、市名文字を図案化して収めたもので、寝屋川市が矢のように早く円滑に発展する意味を象徴したもの。
　旗の縦横比率は2対3。

寝屋川市旗
Neyagawa city flag

(27)-9　東大阪市　市章制定 1967年2月1日

　市旗は中央に青色の市章を配した白色旗。市章は東大阪の頭文字である「ひ」の字を平和、融和を表す飛翔する鳩のイメージに図案化したもので、新市における産業文化の雄飛発展と「豊かな住みよいまち」を単純明快に象徴したもの。

東大阪市旗
Higashiosaka city flag

(27)-10　枚方市　市旗制定 1967年10月15日告示第70号

　市旗は中央に白色で枚方市の「ひ」の字を図案化し、大空にはばたく鳥の姿を描き、右上には赤色と白色で構成される市章を配したコバルト・ブルー旗。
　枚方市は淀川と共に栄えて来たまちで船とは深いつながりがあり、市章は片仮名の「ヒ」と「ラ」と漢字の「方」を組み合わせて三十石船をかたどったもの。

枚方市旗
Hirakata city flag

(27)-11　八尾市　市章制定 1958年7月4日規則第128号

　市旗は中央に赤色の市章を配した白色旗。市章の円を3等分した「Y」は市名の「やお」の「や」を表し、円はOで「お」を表す。「Y」の先端をOより少し突出させて市の将来の発展を表している。円の正しい3等分は平和、自由、平等を意味し、簡潔に市の発足を表している。また、円は円満な市政の遂行を示す。

八尾市旗
Yao city flag

(28)　兵庫県　県旗制定　1964年6月10日告示第542号

　県旗は海と若さを表すセルリアンブルー色の地に兵庫県の頭文字「兵」の字を白色で波の形に描き、日本海と瀬戸内海で南北を海に接した兵庫県が力強く前進する様子を表している。白色は明るさと素直さを表している。

　旗の縦横比率は7対10。

兵庫県旗
Hyogo prefecture flag

(28)-1　県庁所在地：神戸市　市旗制定　1970年6月1日告示第29-2号

　市旗は中央に白色の市章を配した緑色旗。ただし、必要に応じ、旗の地色を白色、市章を赤色にすることができる。神戸港はもともと「扇港」とも呼ばれていた。また、「兵庫」と「神戸」の2つの港が扇を並べたような形をしているところから神戸の旧仮名遣いである「カウベ」の「カ」の字を図案化したもの。

　旗の縦横比率は2対3。

神戸市旗
Kobe city flag

(28)-2　明石市　市章制定　1921年10月18日告示第100号

　市旗は中央に赤色の市章を配した白色旗。市章は明石市の頭文字の「明」を図案化したもの。

明石市旗
Akashi city flag

(28)-3　尼崎市　市章制定　1936年8月4日告示第153号

　市旗は中央にえんじ色の市章を配した白色旗。市章は尼崎藩の槍印をもとに工都を象徴する「工」の字と尼崎の片仮名の「アマ」の字を図案化し、1936年小田村と合併した際に小田の「小」の字を加えたもの。

尼崎市旗
Amagasaki city flag

(28)-4　加古川市　市旗制定　1970年5月17日告示第15号

　市旗は中央にバイオレット色の市章を配したセルリアンブルー色4本と白色3本の波型ストライプ旗。加古川市は一級河川「加古川」の水の恵みを受けて発展してきた都市で、市章は漢字の「川」とカッコを組み合わせてカッコ川、すなち加古川とし、その両岸に発展を続ける加古川市を表している。

　旗の縦横比率は2対3。

加古川市旗
Kakogawa city flag

(28)-5　西宮市　市旗制定　1970年11月3日告示第95号

　市旗は中央に「にしのみや」の「に」の字を赤色と緑色を使って図案化した白色旗。赤色は明るい太陽と幸福を表し、緑色は東六甲の美しい自然に囲まれたまちを象徴している。全体として、文教住宅都市の基本理念である「緑としあわせの町」を表している。

　旗の縦横比率は7対10。

西宮市旗
Nishinomiya city flag

(28)-6　姫路市　市旗制定　1969年5月3日告示第40号

　市旗は中央に白色の白鷺を姫路市の頭文字である片仮名の「ヒ」の字を使い大胆的確に描いた萌黄色旗。空を飛ぶ白鷺は国宝姫路城の麗姿を象徴すると共に、躍進姫路市の希望を表徴している。その上向きの頭部は市の限りない飛躍を、円形の胴体は市の安らかな平和を、そして真っ直ぐに伸びた翼は市のたくましい前進を意味している。全体として、姫路市の希望と躍動、姫路市の自由と前進を力強くうたいあげたもの。

　旗の縦横比率は7対10。

姫路市旗
Himeji city flag

(29) 奈良県　県旗制定 1968年3月1日告示第536号

　県旗は中央に蘇芳色の県章を配した白色旗。県章は奈良県の頭文字の「ナ」を簡素を旨として図案化したもので、外円はまほろば大和の自然を、内円は和をもってとおとしとする調和の精神を表徴する。円を貫く横一文字の軸は県政水準のたゆみなき進歩を表している。蘇芳色は万葉の昔から使われた奈良を象徴する色である。

　旗の縦横比率は2対3。

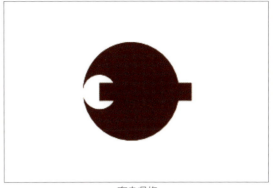

奈良県旗
Nara prefecture flag

(29)-1　県庁所在地：奈良市　市旗制定 1977年2月10日告示第47号

　市旗は中央に緑色の市章、左端に文字「奈良市」を白字で縦書き楷書体で配した朱色旗。市章は天平の昔から奈良にゆかりの深い名花・奈良八重桜をかたどり、花芯に「奈」の字を描いている。この奈良の字「示」は日・月・星の三光にかたどられている。昔、三笠山で鶯に三光の鳴き声を習わせたという伝説に因んだもの。

　旗の縦横比率は2対3。

奈良市旗
Nara city flag

(30)　和歌山県　県旗制定 1969年8月7日告示第567号

　県旗は中央に紺碧色の市章を配した白色旗。県章は和歌山県の頭文字「ワ」を簡潔に図案化したもので、県民の和を象徴する。末広がりの形は明日に向かって果てしなく発展する南国紀州を表徴し、力強くおおらかな風格は進取の気性に富む県民性を表している。

　旗の縦横比率は2対3。

和歌山県旗
Wakayama prefecture flag

(30)-1　県庁所在地：和歌山市　市章制定 1909年1月

　市旗は中央に青色と白色から構成される市章を配した白色旗。市章の山の形は和歌山市が三方を山に囲まれている地形を表し、白い矢印は和歌山市の発展の勢いと三方の山を貫く市民の力を表す。二重丸に見える部分は和歌山の片仮名「カ」を図案化したもので、中に和歌山の漢字の「和」を配している。

和歌山市旗
Wakayama city flag

(31)　鳥取県　県旗制定　1968年10月23日公告

県旗は中央に白色の県章を配した紺青色旗。県章は鳥取県の頭文字の「と」を飛翔しようとしている鳥の形に図案化し、「自由と平和」と「鳥取県の明日への進展」を表徴している。

旗の縦横比率は2対3。

鳥取県旗
Tottori prefecture flag

(31)-1　県庁所在地：鳥取市　市旗制定1984年7月20日告示第94号

市旗は中央に白色の市章を配した深い青緑色旗。市章は鳥取藩で文と武を表す丸と菱形の紋章の中に古篆書体の「鳥」の文字を組み入れたもの。

旗の縦横比率は2対3。

鳥取市旗
Tottori city flag

(32)　島根県　県章制定　1968年10月23日公告

県旗は中央に黄色い県章を配したえんじ色旗。県章は中心から放射状にのびる4つの円形が雲形を構成して、島根県の調和のある発展と躍進を象徴し、円形は片仮名の「マ」を4個組み合わせたもので「シマ」と読まれ、県民の団結を表している。

島根県旗
Shimane prefecture flag

(32)-1　県庁所在地：松江市　市章制定2005年3月31日告示第6号

市旗は中央に青色の市章を配した白色旗。市章は「松」の字を公木とくずし、図案化すると共に城址亀田山に因み、外郭は亀田山、中は松葉を表している。

松江市旗
Matsue city flag

(33) 岡山県　県旗制定 1967年11月22日告示第883号

　県旗は中央に金色の県章を配した茄子紺色旗。県章は岡山県の頭文字「岡」の字を図案化して県民の一致団結を中心に集め、将来の飛躍を力強く表現したもの。

　旗の縦横比率は2対3。

岡山県旗
Okayama prefecture flag

(33)-1　県庁所在地：岡山市　市章制定 1900年2月1日議決

　市旗は中央に白色と紺色から構成される市章を配した紺色旗。市章は岡山の「岡」の字を図案化し、周囲に岡山を象徴する石山、天神山などの山で囲み、多方面への限りない発展意欲を表し、紺色で入っている十文字は潔癖と無限の広がりを示している。

岡山市旗
Okayama city flag

(33)-2　倉敷市　市章制定 1967年10月1日告示第169号

　市旗は中央に濃紺色の市章を配した白色旗。市章は倉敷の頭文字・片仮名の「クラ」を図案化したもので、横へ広がる翼は瀬戸内海経済圏の中核都市として、産業・文化・観光の調和ある住みよい理想都市を目指して飛躍発展する姿を表している。また円は市民の団結融和を象徴している。

倉敷市旗
Kurashiki city flag

(34) 広島県　県旗制定 1968年7月16日告示第572号

　県旗は中央に白色の県章を配したえんじ色旗。県章は広島県の頭文字である片仮名の「ヒ」を図案化したもので、円によって県民の和と団結を表現し、その重なりによって、伸び行く広島県の躍進と発展を象徴している。

　旗の縦横比率は2対3。

広島県旗
Hiroshima prefecture flag

4. 都道府県市町村旗　Prefectural Flags and Municipal Flags　239

(34)-1　県庁所在地：広島市　市章制定
1896年5月19日告示第27号
　市旗は中央に白色の市章を配した緑色旗。市章は旧芸州藩の旗印であった「三つ引」にヒントを得て、川の流れをカーブで表現し、水都広島を象徴したもの。

広島市旗
Hiroshima city flag

(34)-2　呉市　市章制定1912年7月15日議決
　市旗は中央に白色の市章を配した青色旗。呉市の周辺は9つの峰で囲まれているため、市章はこれを呉（九嶺）としてあやかり、片仮名の「レ」で9つの星形にかたどり、中に「市」の文字を配したもの。

呉市旗
Kure city flag

(34)-2　福山市　市章制定　1917年7月1日告示第19号
　市旗は中央に黒色の市章を配した黄色旗。福山城があるところは、元は蝙蝠山（こうもりやま）と呼ばれており、「蝠」の字は「福」に通じることから「福山」と称された。市章はその蝙蝠と山をかたどったもの。

福山市旗
Fukuyama city flag

(35)　山口県　県旗制定　1962年9月3日議決
　県旗は中央に白色の県章を配した海老茶色旗。県章は「山口」の文字を組み合わせ、県民の団結と飛躍を太陽に向かって羽ばたく飛鳥にかたどり、雄県山口を表現したもの。
　旗の縦横比率は2対3。

山口県旗
Yamaguchi prefecture flag

(35)-1　県庁所在地：山口市　市章制定 2006年5月30日

　市旗は中央に赤色の市章を配した白色旗。市章は市名「山口」をかたどり、太い円は広くすべてを抱擁する大和の精神と市勢発展に市民が互いに協力する気持ちを表している。

山口市旗
Yamaguchi city flag

(35)-2　下関市　市章制定 2005年10月1日告示第725号

　市旗は中央に空色の市章を配した白色旗。市章は下関の平仮名「しも」を図案化し、下関市、豊浦郡4町合併により誕生した新「下関市」の調和を5つのラインで表現している。全体としては、全国的に名高い「フク」を表し、豊かな自然と世界へ通じる海峡の街、交流の帆として、市民の未来に無限の可能性を秘めた表現となっており、自然と歴史と人が織りなす新「下関市」を個性的にアピールしている。

下関市旗
Shimonoseki city flag

(36)　徳島県　県章制定 1966年3月18日告示第166号

　県旗は中央に黄色の県章、その下に白字で「徳島県」と記した藍色旗。とくしまの「とく」を飛鳥の形に図案化したもので、融和、団結、雄飛、発展の県勢を簡明に表現している。藍色は県特産の藍にちなんだもの。

徳島県旗
Tokushima prefecture flag

(36)-1　県庁所在地　徳島市　市章制定 1909年10月9日

　市旗は中央に白色の市章を配した紫色旗。市章は旧徳島藩蜂須賀家の徽章・子持ち筋の下に「市」の字を配して円形にしたもので、徳島市が県の中枢であることを表徴している。

徳島市旗
Tokushima city flag

4. 都道府県市町村旗　Prefectural Flags and Municipal Flags　241

(37) 香川県　県旗制定　1977年10月1日公告第295号

　県旗は中央に白色の県章を配したオリーブ色旗。県章は香川の頭文字である片仮名の「カ」を図案化し、県下の特色ある山容と平和のシンボルである県木「オリーブ」の葉を表現したもので、恵まれた風土にはぐくまれて向上発展を続ける香川県を象徴している。

　旗の縦横比率は2対3。

香川県旗
Kagawa prefecture flag

(37)-1　県庁所在地：高松市　市旗制定 2002年8月1日告示第533号

　市旗は中央に白色の市章を配した紫色旗。市章は中央に「高」の字を配し、これを松葉4本で菱形に囲ったもの。「高」の字体は旧藩松平家の御用船の幟に用いられたもので、外郭の松葉4本は「松市」に通わせ、色を変えない松の緑に市の悠久繁栄を祈念して定めたもの。

　旗の縦横比率は2対3。

高松市旗
Takamatsu city flag

(38)　愛媛県　県旗制定　1952年5月5日

　県旗は全国でもユニークな黄色と緑色を使った横三分割旗で、ホイスト寄りに県花の「ミカンの花」を白色と黄色を使って図案化したもので、白色は質素・純潔を、緑色は平和と希望、黄色は幸福を意味している。横縞の比率は上から2対6対2とする。

　旗の縦横比率は2対3。

愛媛県旗
Ehime prefecture flag

(38)-1　県庁所在地：松山市　市章制定 1911年4月7日

　市旗は中央に緑色の市章を配した白色旗。市章は松の模様と漢字の「山」を図案化したもの。画と文字を融合させ、家紋のような趣のある市章に仕上げた点が特色である。

松山市旗
Matsuyama city flag

(39) 高知県　県章制定 953年4月15日

　県旗は中央に白色の県章を配したえんじ色旗。県章は旧名の土佐の平仮名「とさ」を図案化したもので、縦の剣先は向上を、円は平和と協力を表している。また、中のえんじ色の部分は高知の頭文字・片仮名の「コ」を意味している。

高知県旗
Kochi prefecture flag

(39)-1　県庁所在地：高知市　市章制定 1968年8月15日告示第34号

　市旗は中央に赤色の市章を配した白色旗。市章は高知市の頭文字・漢字の「高」の字を六角形に図案化したもの。

高知市旗
Kochi city flag

(40)　福岡県　県章制定 1966年5月10日告示第342号

　県旗は中央に白色の県章を配した青色旗。配色のバリエーションとして黒色ないし赤色の県章を配した白色旗も使われる。県章は平仮名の「ふ」と「く」を県花の梅の花をかたどって図案化し、県の発展と県民の融和と躍進を表している。

福岡県旗
Fukuoka prefecture flag

(40)-1　県庁所在地：福岡市　市章制定 1909年10月1日告示第14号

　市旗は中央に青色の市章を配した白色旗。市章は福岡市の頭文字である片仮名の「フ」を9個組み合わせて「福」を表している。

福岡市旗
Fukuoka city flag

4. 都道府県市町村旗　Prefectural Flags and Municipal Flags

(40)-2　北九州市　市旗制定 1973年6月5日告示第137号

　市旗は中央に白色の市章を配した古代紫色旗。旗に描く市章は金色もある。市章の周囲の5つの花弁は合併による八幡、小倉、門司、若松、戸畑の旧5市の一体化を表し、星型に図案化されているのは、歯車で工業を、放射形で市の発展を表現している。同時に真ん中は漢字の「北」も表し、協力と円満を示す。
　旗の縦横比率は2対3。

北九州市旗
Kitakyushu city flag

(40)-3　久留米市　市章制定 1911年9月13日議決

　市旗は中央に白色の市章を配したえんじ色旗。市章は片仮名の9つの「ル」で漢字の「米」を取り囲んだもの。

久留米市旗
Kurume city flag

(41)　佐賀県　県旗制定 1968年12月11日告示第450号

　県旗は中央に佐賀県の栄える姿を象徴する白色と朱赤色の樟の花を描いた深緑色旗。地色の深緑色は樟の葉の色を基調とし、希望と平和を表す。花弁の白色は公明、清潔を、メシベ及びオシベの朱赤色は誠実、情熱を表し、形状は調和ある力強い発展を表している。
　旗の縦横比率は2対3。

佐賀県旗
Saga prefecture flag

(41)-1　県庁所在地：佐賀市　市旗制定 2006年4月30日告示第97号

　市旗は中央に青色と緑色から構成される市章を配した黄色旗。旗の地色の黄色は太陽が佐賀市の市章を照らし、佐賀市が躍動し上昇する「希望に満ちたまち」をイメージしている。市章は佐賀市の頭文字である「S」をモチーフに人と人のふれあいをイメージし、2つの円ははじき出る個性とはぐくみ成長する英知を表している。青色は空を、緑色は大地を表し、佐賀市の豊かな自然を表現している。

佐賀市旗
Saga city flag

(42)　長崎県　県旗制定　1991年8月30日告示第823-2号

　県旗は中央に明るい青色の県章、底部に黒字で「長崎県」と配した白色旗。県章は長崎県の頭文字である「N」と平和の象徴である鳩を図案化し、未来へと力強く前進する長崎県を表現する。中央の円は地球で長崎県の国際性を表し、明るい青色は長崎県の明るい海と空を表している。

　旗の縦横比率は2対3。

長崎県旗
Nagasaki prefecture flag

(42)-1　県庁所在地：長崎市　市章制定　1900年5月1日

　市旗は中央に赤色の市章を配した白色旗。市章の外形は草書の「長」を模様化し、「鶴の港」長崎を象徴して折鶴の形を星状に配している。内形は幕末の安政年間に開港した全国の5つの港（長崎、箱館、新潟、神奈川、兵庫）の一つであることを誇りにしたところから、5つの市の字を加えたもの。

長崎市旗
Nagasaki city flag

(42)-2　佐世保市　市章制定　1911年10月20日告示第38号

　市旗は中央に青色の市章を配した白色旗。市章は片仮名の「サセホ」の文字を組み合わせたもので、市章の右斜め上が「サ」、中央が「ホ」、左斜め下が「セ」を表している。

佐世保市旗
Sasebo city flag

(43)　熊本県　県旗制定　1966年7月23日告示第491号

　県旗は中央に白色の県章を配した海老茶色旗。県章は熊本県の頭文字の「ク」の字を図案化し、九州の地形をかたどったもの。中央の円は九州の中央に位置する熊本県を象徴している。

　旗の縦横比率は2対3。

熊本県旗
Kumamoto prefecture flag

(43)-1　県庁所在地：熊本市　市旗制定 1969年8月1日告示第40号

　市旗は中央に白色の市章を配した緑色旗。市章は熊本県の頭文字である平仮名の「く」の字を図案化したもの。和を尊び、人の調和を基本として躍進する熊本市の姿を円形にし、未来へ逞しく発展する意味で太い円形にまとめたもの。

　旗の縦横比率は2対3。

熊本市旗
Kumamoto city flag

(44)　大分県　県旗制定 1956年7月24日告示第462号

　県旗は大分県の頭文字である漢字の「大」を3個組み合わせ、夫々信義、勤労、友愛を象徴し、その形を飛鳥型として県の飛躍発展を、また、3つを円形にして円満、平和を組み合わせて協力を意味し、全体の旭日型で県の伸び行く勢いを表している。県章の色は濃い赤色で県民の真心を、地色の白色は平和と平等を示している。旗の左端下に黒褐色で「大分県」と記されている。

　旗の縦横比率は7対10。

大分県旗
Oita prefecture flag

(44)-1　県庁所在地：大分市　市旗制定 1966年2月1日告示第9号

　市旗は中央に白色の市章を配した青色旗。市章は漢字の「大分」を図案化したもので、丸味は市の円満な発展を意味している。

　旗の縦横比率は2対3。

大分市旗
Oita city flag

(45)　宮崎県　県旗制定 1964年12月22日告示第838号

　県旗は宮崎県の象徴である緑と太陽を黄緑色と黄色で表現し、宮崎県の頭文字である片仮名の「ミ」をかたちどり段階的躍進を表している。

　旗の縦横比率は5対7。

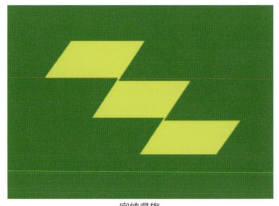

宮崎県旗
Miyazaki prefecture flag

(45)-1　県庁所在地：宮崎市　市旗制定　1968年9月21日告示第163号

市旗は中央に黄色い市章を配した群青色旗。黄色は灼熱の太陽と平和を、群青色は澄み切った青い空と紺碧の海を表している。市章は宮崎市の頭文字である漢字の「宮」を図案化したもので、外円は平和を意味し、中央の結びは団結を示し、扇形は末広がりの発展を表している。

旗の縦横比率は2対3。

宮崎市旗
Miyazaki city flag

(46)　鹿児島県　県章制定　1967年3月10日

県旗は中央に黒色と赤色から構成される県章を配した白色旗。県章は鹿児島県の地形を図案化したもので、中央の赤い円は火の島、桜島を表している。

鹿児島の雄大な自然に託して、県民の情熱と融和、団結と発展を象徴している。

鹿児島県旗
Kagoshima prefecture flag

(46)-1　県庁所在地：鹿児島市　市旗制定　1971年9月1日告示第140号

市旗は中央に黒色の市章と赤色の桜島を配した白色旗。市章は薩摩藩主「島津家」家紋「丸に十の字」と「市」の文字を図案化したもので、四方の矢印は市の発展を表している。

旗の縦横比率は2対3。

鹿児島市旗
Kagoshima city flag

(47)　沖縄県　県旗制定　1972年10月13日告示第135号

県旗は中央に赤色と白色から構成される県章を配した白色旗。県章の外円は海洋を表し、白色の部分はローマ字の「O」で沖縄を表現すると共に人の和を強調している。また、内円は動的に、そしてグローバルに伸びて行く県の発展性を象徴し、いわば「海洋」「平和」「発展」のシンボルとなっている。

旗の縦横比率は2対3。

沖縄県旗
Okinawa prefecture flag

(47)-1　県庁所在地:那覇市　市旗制定
1965年9月1日

　市旗は中央に白色の市章を配した青色旗。市章は片仮名の「ナハ」を円形に図案化したもので、無限に発展していく那覇市の姿を表している。

　旗の縦横比率は2対3。

那覇市旗
Naha city flag

次に旗ないし紋章制定の古い順に町村旗を並べる。

（48） 大阪府田尻町　町章制定　1889年4月1日

町旗は中央に白色の町章を配した青色旗。町章は田尻町の中央部を流れる田尻川をはさみ、吉見、嘉祥寺の田園が整然と並んでいる姿を象徴している。

田尻町旗
Tajiri town flag

（49） 島根県海士町　町章制定　1915年7月8日

町旗は中央に緑色の町章を配した白色旗。町章の下方の「三」は水で、輪郭は波を表し、両者で海を意味し、中央の菊は漢字の「士」の形を作り、全体で海士町を表現している。

海士町旗
Ama town flag

（50） 徳島県牟岐町　町章制定　1915年

町旗は中央に白色の町章を配した青色旗。町章は漢字の「牟」の字を円形に図案化したもの。

牟岐町旗
Mugi town flag

（51） 岐阜県北方町　町章制定　1916年

町旗は中央に緑色の町章を配した白色旗。町章は明治初期の戸長であった近藤友諒氏が旧戸田藩の裏紋の蔦に北方の「北」の字を図案化して考案したもの。

北方町旗
Kitagata town flag

4. 都道府県市町村旗　Prefectural Flags and Municipal Flags

(52) 北海道様似町　町旗制定1918年4月1日

　町旗は中央に白色の町章を配した紫色旗。町章は太平洋に突き出た様似発祥の地「エンルム岬」を中心として東に大港、西に小港を抱く姿をかたどり、さらに様似町の産業が漁業と農林業の2面からなり、共に相抱く平和の姿を表現したもの。

　町旗の縦横比率は3対4。

様似町旗
Samani town flag

(53) 福岡県添田町　町章制定1920年1月29日

　町旗は中央に赤色と緑色から構成される町章とその下に黒字で町名を配した白色旗。町章は町名の片仮名の「ソエ」と漢字の「田」を図案化したもので、下部は町木の樫の葉をあしらっている。

添田町旗
Soeda town flag

(54) 北海道鹿部町　町章制定 1920年1月4日告示第1号

　町旗は中央に朱色と濃紺色から構成される町章を配した白色旗。

　町章は町民の和と町の発展への願いが込められており、外周の4つの力は「4力」すなわち鹿部の「鹿」を表し、中心は鹿の角と昆布と温泉をシンボライズしている。

鹿部町旗
Shikabe town flag

(55) 北海道雄武町　町章制定 1923年11月10日

　町旗は中央に白色と黄色から構成される町章を配した青色旗。

　町章は「ヲ」を6つ組み合わせ雪形にし、その中央に北斗星を配して北見雄武を表したもので、青色は広大な空とオホーツク海を象徴している。

雄武町旗
Oumu town flag

（56） 長野県上松町　町章制定　1931年
12月8日

　町旗は中央に緑色の町章を配した白色旗。
　町章は上松にちなみ、漢字の「上」の字を円形にまとめ、両端を松葉に図案化して、円満なる町政福利民栄を表徴している。

上松町旗
Agematsu town flag

（57） 高知県北川村　村章制定　1890年
3月4日

　村旗は中央に白色の村章を配した緑色旗。
　村章は漢字の「北」と「川」を配して図案化したもので、「川」は円をかたどって融合一体を意味し、「北」は翼を広げた大鵬のごとく飛躍することを表している。

北川村旗
Kitagawa village flag

（58） 高知県大川村　村章制定　1916年
4月7日

　村旗は中央に黄色い村章を配した緑色旗。
　村章の星は大川村の頭文字である漢字の「大」を表すとともに、郡の最も北に位置することから北斗七星の意味も加わっている。中央は「川」の字を示している。

大川村旗
Okawa village flag

（59） 岡山県西粟倉村　村章制定　1924年3月3日

　村旗は中央に白色の村章を配した緑色旗。
　村章は村の90％以上が山林の山間地域であるので、西粟倉村の頭文字である漢字の「西」の字を山の形になぞらえてある。

西粟倉村旗
Nishiawakura village flag

4. 都道府県市町村旗　*Prefectural Flags and Municipal Flags*　251

(60)　岡山県新庄村　村章制定 1927年

　村旗は中央に赤色の村章、その下に白字で村名を配した緑色旗。

　村章は1221年後鳥羽上皇が新庄村の「中山」という地に立ち寄られたのを記念して作られたもので、「中山」を図案化し、村民が一致団結して愛国・愛郷に励むことを願い制定された。

新庄村旗
Shinjyo village flag

(61)　北海道新篠津村　村章制定 1934年

　村旗は中央に黄色い村章を配した緑色旗。

　村章の下の3本線は石狩川、上は篠津川、黄色でかたちどり、豊かな土地から受けてきた農業の恩恵の深さを表現している。

新篠津村旗
Shinshinotsu village flag

(62)　北海道泊村　村章制定 1937年2月25日

　村旗は中央に青色の村章を配した白色旗。

　村章は漢字の「泊」の字を図案化したもので外側の円は「さんずい」の部分、円の中は「白」の部分を表し、中は国旗を暗示し、村の融和と発展を象徴している。

泊村旗
Tomari village flag

(63)　長野県阿智村　村章制定 1956年9月30日

　村旗は中央に白色の村章を配した緑色旗。

　村章は阿智村の頭文字である片仮名の「アチ」の文字を図案化したもの。

阿智村旗
Achi village flag

第Ⅲ部　近代・現代の旗章　Modern & Contemporary Flags

(64) 長野県白馬村　村旗制定 1956年9月30日告示第30号

　村旗は中央に白色の村章を配した紺青色旗。
　村章は白馬村の頭文字である片仮名の「ハ」と「ク」を図案化し、白馬連峰の山と村民の融和を円で発展する白馬村を表徴している。
　旗の縦横比率は2対3。

白馬村旗
Hakuba village　flag

(65) 長野県中川村　村章制定 1959年3月2日

　村旗は中央に白色の村章を配した紫色旗。
　村章は中川村の「中」の字を図案化し、輪は「和合」を、三角錐は「発展」をそれぞれ象徴している。

中川村旗
Nakagawa village flag

デザインの特徴

日本の都道府県市町村旗の特徴をまとめると以下のようになる。

（1）使用色数　Number of color used

　2色が都道府県旗と市町村旗合計1,788のうち1,315で74%。国旗日の丸並びにほとんどの都道府県旗が2色であるところから、その影響を受けているものと思われる。画像は日の丸、東京都旗、新宿区旗、大阪府旗、大阪市旗。逆に多色使用例として、最多色は北海道愛別町の6色があげられる。

日本国旗
Japan national flag

東京都旗
Tokyo Metropolis flag

新宿区旗
Shinjyuku city flag

大阪府旗
Osaka prefecture flag

大阪市旗
Osaka city flag

北海道愛別町旗
Aibetsu town flag

（2）地色　Color of the field

　国旗日の丸と同じく白地が全体の45%を占める。
2位は青地で19%、3位は緑地で17%。
　画像は札幌市、青森市（白地）、水戸市、市原市（青地）、盛岡市、秋田市（緑地）。

札幌市旗
Sapporo city flag

青森市旗
Aomori city flag

水戸市旗
Mito city flag

市原市旗
Ichihara city flag

盛岡市旗
Morioka city flag

秋田市旗
Akita city flag

（3）伝統色　Japanese traditional colors

　日本では多くの旗が作られた戦国時代にあっても旗に使われる色数は白、赤、黒、紺に限定されることが多く、これが日本の旗の伝統とも言えた。しかしながら戦後、この伝統を覆すように様々な色がとりわけ日本固有の和の色が採用されるようになってきた。

　外国旗にはない日本の伝統色がいくつも自治体旗に用いられている。
　納戸色（岩手県）、赤橙色（福島県）、江戸紫色（東京都）
　青竹色（長野市）、金赤色（京都府）、深緑色（佐賀県）など

岩手県旗
Iwate prefecture flag

福島県旗
Fukushima prefecture flag

東京都旗
Tokyo Metropolis flag

長野市旗
Nagano city flag

京都府旗
Kyoto prefecture flag

佐賀県旗
Saga prefecture flag

（4）自治体名頭文字の図案化　Stylized initial

　平仮名（宮城県、福島県、いわき市、など）
　片仮名（秋田県、上尾市、葛飾区、など）
　漢字　（品川区、杉並区、川崎市、など）

宮城県旗
Miyagi prefecture flag

福島県旗
Fukushima prefecture flag

いわき市旗
Iwaki city flag

秋田県旗
Akita prefecture flag

上尾市旗
Ageo city flag

葛飾区旗
Katsushika city flag

品川区旗
Shinagawa city flag

杉並区旗
Suginami city flag

川崎市旗
Kawasaki city flag

（5）植物の図案化　Plants

　外国紋章にはヤシ、月桂樹、樫などの葉が多いのに対して、日本で家紋もそうであるが花弁が多い。
　桜　春日井市、奈良市
　梅　小田原市、福岡県
　菊　豊島区

春日井市旗
Kasugai city flag

奈良市旗
Nara city flag

小田原市旗
Odawara city flag

福岡県旗
Fukuoka prefecture flag

豊島区旗
Toshima city flag

（6）鳥類の図案化　Birds

　外国紋章に多い、ライオン、馬など力の強い動物に対して鳥類が多い。
　鳩　江戸川区、茨木市
　鶴　八戸市、千代田区
　鷺　姫路市
　花鳥風月を好む日本人の穏やかな性格が表れているようである。

江戸川区旗
Edogawa city flag

茨木市旗
Ibaraki city flag

八戸市旗
Hachinohe city flag

千代田区旗
Chiyoda city flag

姫路市旗
Himeji city flag

（7）文様の図案化　Family emblems

旧藩主の家紋や旗印などをモチーフにした紋章も日本自治体旗に固有な特徴と言えよう。

仙台市（仙台藩伊達氏家紋　三つ引両）
前橋市（前橋藩松平氏馬印　輪貫）
太田市（新田氏旗印　大中黒）
横須賀市（三浦氏家紋　丸に三つ引）
富山市（富山藩前田氏家紋　角菊花紋）
金沢市（加賀藩前田氏家紋　梅鉢）
名古屋市（尾張藩徳川氏合印　丸に八の字）
豊橋市（吉田藩大河内氏馬印　千切）
鹿児島市（薩摩藩島津氏家紋　丸に十の字）
北方町（戸田家家紋　蔦紋）

仙台市旗
Sendai city flag

三つ引両
Mitsuhikiryo
vertical three stripes

前橋市旗
Maebashi city flag

輪貫
Wanuki
circle

太田市旗
Ota city flag

大中黒
Onakaguro
horizontal one stripe

横須賀市旗
Yokosuka city flag

丸に三つ引
Maruni mitsuhiki
horizontal three stripes in a circle

富山市旗
Toyama city flag

角菊花紋
kakukikka
chrysanthemum lozenge

金沢市旗
Kanazawa city flag

梅鉢
Umebachi
plum blossom

名古屋市旗
Nagoya city flag

丸に八の字
Maruni hachino ji
eight character in a circle

豊橋市旗
Toyohashi city flag

千切
Chigri
spools and reeds

鹿児島市旗
Kagoshima city flag

丸に十の字
Maruni juno ji
ten character in a circle

北方町旗
Kitagata town flag

蔦紋
Tsuta
ivy

(8) 自治体旗の制定時期　Municipal flags adoption year

昭和の市町村合併1960年代と平成の合併2000年代が多い。

現存する最古の自治体旗は明治39年（1906年）に制定された甲府市旗、次いで大正11年（1922年）の川越市旗である。

甲府市旗
Kofu city flag

川越市旗
Kawagoe city flag

(9) 平成時代の自治体旗　Municipal flags adopted in Heisei period

平成時代に入り、中央官庁でも固有の官庁シンボルマークと共に白地の官庁旗が相次いで作られた。それぞれ組織の役割ミッションを簡潔に表現したなかなか洗練されたデザインが多い。

しかし一方で地方自治体を見ると、平成の大合併で誕生した新しい市町で採用された旗にはプロのグラフィック・デザイナーのコンペ優勝作品が多く、産物、歴史など自治体の文化的特徴を表現する工夫が見られず、似たり寄ったりの欧米会社ロゴ風あるいはピクトグラム（視覚記号）風なデザインが目立つ。家紋の伝統を受け継いだ従来のモノクロ市町村章から3、4色使用の市町章に変化したため、旗地はそれらが収まりやすい白に落ち着いてしまう。紋章の公募を行い、旗の公募が企画されないことも原因かと思われる。シンボリズムも緑が豊かな自然、青が海川、赤が住民の情熱とどの旗もうたっている。コンペ優勝作品の傾向が各地に蔓延した結果、おそらくお互いに他の自治体に自分の自治体旗に酷似したものが存在することを知らない場合が多いからだと推測される。無味乾燥と言わざるを得ない作風が、日本の旗章の進化を阻害するのではないかと大いに危惧される。

気象庁附属気象観測船旗
Japan meteorological agency
weather observation vessel ensign

金融庁旗
Financial services
agency flag

総務省旗
Ministry of internal affairs
and communications flag

環境省旗
Ministry of
the environment flag

本庄市旗
Honjo city flag

愛西市旗
Aisai city flag

東近江市旗
Higashiomi city flag

美郷町旗
Misato town flag

三好市旗
Miyoshi city flag

松浦市旗
Matsuura city flag

うるま市旗
Uruma city flag

宮古島市旗
Miyakojima city flag

2008 北京オリンピック大会ピクトグラム
2008 Beijing olympic games pictograms

参考文献

1 萬國旗鑑	1854 年	松園主人　鈴亭
2 國旗	1902 年	石川榮司　育成會
3 世界國旗大観	1910 年	須基浩　ともえ商會
4 日章旗考	1911 年	眞田鶴松　帝國教育會
5 模範日本地図	1915 年	㈱東京開成館
6 都市之紋章	1915 年	行水社
7 日章旗	1928 年	須基浩　高島屋書籍部
8 日章國旗論	1928 年	松波仁一郎
9 列國諸旗章集	1928 年	海軍省教育局
10 薩藩海軍史	1928 年	公爵島津家編輯所
11 帝室御紋章の正傳	1929 年	前田基法　歴史明光會
12 我等の國旗	1934 年	佐藤榮志　國旗宣揚會
13 萬國國旗物語	1936 年	伊藤貫一　南光社
14 國旗読本	1938 年	高橋孝三良　丸美洋行内地部
15 日章旗	1939 年	松波仁一郎　内閣印刷局
16 日章旗	1940 年	松波仁一郎　日本文化協會
17 國體と國旗	1940 年	須基浩　理想社出版部
18 日本紋章學	1940 年	沼田頼輔　㈱明治書院
19 小型江戸紋章集	1940 年	高倉銀次郎　吉野屋商店
20 日の丸船隊史話	1942 年	山高五郎　千歳書房
21 軍旗と勤皇諸家の旗類	1944 年	關保乃助　雄山閣出版㈱
22 皇室の御紋章	1944 年	佐野恵作　㈱櫻菊書院
23 國號國旗國歌の研究	1951 年	勝俣忠幸　東山書房㈱
24 社旗と煙突	1957 年	㈱東洋信号通信社
25 自衛隊 10 年史	1961 年	防衛庁
26 旗指物	1965 年	高橋賢一　㈱人物往来社
27 紋章百科事典	1966 年	㈱国際通信社
28 事典シンボルと公式制度	1968 年	㈱国民文化協会　㈱国際図書
29 国のシンボル	1970 年	藤沢優　㈱頌文社
30 紋章とシンボル	1970 年	㈱野ばら社
32 国旗の歴史	1972 年	安津素彦　㈱桜楓社
33 戦国武家事典	1973 年	稲垣史生　㈱青蛙房
34 武家の家紋と旗印	1973 年	高橋賢一　㈱秋田書店
35 大名家の家紋	1974 年	高橋賢一　㈱秋田書店
36 世界の国旗国歌総覧	1976 年	藤沢優　㈱岩崎書店
37 世界旗章大図鑑	1977 年	ホイットニー・スミス㈱平凡社
38 武家のしるし	1978 年	高橋正人　岩崎美術社
39 検疫制度百年史	1980 年	厚生省公衆衛生局　㈱ぎょうせい
40 海上自衛隊旗章参考書	1981 年	海上自衛新聞社
41 歴史への招待第 11 巻	1981 年	日本放送出版会
42 国の旗と県の旗	1982 年	森重民造　㈱保育社

43	編年江戸武鑑 文化武鑑	1982年	石井良助	柏書房㈱
44	自衛隊旗章集	1983年	㈶防衛弘済会	
45	図説和船史話	1983年	石井謙治	㈱至誠堂
46	日本の市章	1984年	丹羽基二	㈱保育社
47	都市の旗と紋章	1987年	㈱中川ケミカル	
48	皇位継承儀式宝典	1990年	新人物往来社	
49	日の丸・君が代の成り立ち	1991年	暉峻康隆	㈱岩波書店
50	ふるさとデータブック	1992年	㈱NHK情報ネットワーク	
51	編年江戸武鑑 文政武鑑	1992年	石井良助	柏書房㈱
52	船と旗	1994年	横浜マリタイム・ミュージアム	
53	有職故事大辞典	1996年	鈴木敬三	㈱吉川弘文館
54	菊と桐	1996年	額田巌	東京美術社
55	海上保安庁ハンドブック	1997年	㈱海人社	
56	大日本帝国陸海軍軍装と装備	1997年	中田忠生	アイアンサイド国際出版
57	国旗・国歌の常識	1998年	所功	㈱東京堂出版
58	錦旗の来歴・再検証	1998年	所功	京都産業大学
59	国旗日の丸	1999年	伊本俊二	中央公論社
60	戊辰戦争	2000年	佐々木克	中央公論新社
61	日本の軍装	2001年	中西立太	㈱大日本絵画
62	日本の船を復元する	2002年	石井謙治	㈱学習研究社
63	知っておきたい国旗・旗の基礎知識	2003年	竹中敬明	岐阜新聞社
64	旗と船舶通信	2003年	三谷末治・古藤泰男美	㈱成山堂書店
65	海上自衛隊50年史	2003年	防衛庁	
66	自衛隊誕生秘話	2003年	㈱新人物往来社	
67	中国旗帜図譜	2003年	黄明延	中国和平出版社
68	諸国デザイン図鑑	2005年	柏木博	㈱青幻舎
69	図典日本の市町村章	2006年	㈱小学館	
70	世界の軍旗・翼章・国旗図鑑	2007年	苅安望	㈱彩流社
71	中世の武家と公家の「家」	2007年	菅原正子	㈱吉川弘文館
72	世界海事旗章図鑑	2008年	苅安望	㈱彩流社
73	日本甲冑史	2008年	中西立太	㈱大日本絵画
74	日本の国旗	2008年	ボーイスカウト日本連盟	
75	戦国時代人物事典	2009年	歴史群像編集部	㈱学研パブリッシング
76	幕末・維新全藩事典	2011年	㈱人文社	
77	日本「地方旗」図鑑	2016年	苅安望	えにし書房㈱
78	戦国武将「旗指物」大鑑	2016年	加藤鐵雄	えにし書房㈱
79	戦国武将100家紋・旗・馬印FILE	2016年	大野信長	㈱学研プラス
80	有職の文様	2016年	池修	光村推古書院㈱
81	日本「地方旗」図鑑解読編	2017年	苅安望・西浦和孝	えにし書房㈱
82	翩翻 001号 002号	2017年	西浦和孝	
83	日本合戦図典	2017年	笹間良彦	雄山閣出版㈱

【著者紹介】
苅安 望（かりやす のぞみ）
1949年千葉県生まれ。
日本旗章学協会会長
旗章学協会国際連盟フェロー
米国フラッグ・リサーチセンターフェロー

早稲田大学政治経済学部政治学科国際政治専攻。
三菱商事株式会社入社東京本社、ニューヨーク支社、メルボルン支社食料部門勤務を経てヤマサ醤油株式会社取締役国際部長・顧問を歴任し 2015 年退職。
2000 年日本旗章学協会会長就任。
2001 年旗章学協会国際連盟加盟。
2009 年アジア初の国際旗章学会議開催。

著書

『世界の国旗と国章大図鑑』
　平凡社 2003 年 11 月/2006 年 4 月/2007 年 5 月/
　2008 年 5 月/2010 年 5 月/2012 年 7 月/2018 年 4 月
『こども世界国旗図鑑』
　平凡社 2009 年 6 月/2011 年 4 月/2012 年 6 月/
　2014 年 5 月/2018 年 10 月
『歴史とともに進化する国旗—世界の国旗図鑑』
　偕成社 2007 年 8 月
『世界の軍旗・翼章・国旗図鑑』
　彩流社 2007 年 2 月
『旗から見える海の世界史—世界海事旗章図鑑』
　彩流社 2008 年 2 月
『旗から見える世界史 500 年—列強植民帝国旗章図鑑』
　彩流社 2009 年 2 月
『旗から見える世界民族問題—番外編世界旗章図鑑』
　彩流社 2011 年 6 月
『月刊ちゃぐりん世界の国旗』
　家の光社 2011 年 5 月—2013 年 4 月

『世界地方旗図鑑』えにし書房 2015 年 8 月
『決定版　国旗と国章図鑑』
　世界文化社 2016 年 3 月
『日本地方旗図鑑』えにし書房 2016 年 5 月
『改訂版　世界の国旗図鑑』
　偕成社 2016 年 8 月
『世界の国旗図鑑　国旗のぬりえ』
　世界文化社 2016 年 9 月
『日本地方旗図鑑　解読編』
　えにし書房 2017 年 6 月
『世界の国旗国章歴史大図鑑』
　山川出版社 2017 年 8 月
『歴史がわかる！世界の国旗図鑑』
　山川出版 2018 年 8 月
『国旗・国章の基礎知識＜図解事典＞』
　えにし書房 2018 年 11 月
『最新版　国旗と国章図鑑』
　世界文化社 2018 年 12 月

日本旗章史図鑑 — 古代から現代まで
Japanese Flags from Ancient Time to Today

2019 年 7 月 30 日 初版第 1 刷発行

- ■著　者　苅安　望
- ■発行者　塚田敬幸

- ■発行所　えにし書房株式会社
　〒102-0074 東京都千代田区九段南 2-2-7- 北の丸ビル 3F
　TEL 03-6261-4369　FAX 03-6261-4379
　ウェブサイト http://www.enishishobo.co.jp
　E-mail info@enishishobo.co.jp

- ■組版　㈱メイク
- ■装幀　板垣 由佳
- ■印刷／製本　シナノ印刷㈱

© NOZOMI KARIYASU 2019　　ISBN978-4-908073-68-7 C0025

乱丁本・落丁本はお取り替えいたします
本書の一部あるいは全部を無断で複写・複製（コピー・スキャン・デジタル化等）・転載することは、法律で認められた場合を除き、固く禁じられています。

えにし書房の旗章関連書

世界「地方旗」図鑑
苅安 望 著／B5判／上製／定価：12,000円＋税　ISBN978-4-908073-15-1 C0025

国旗よりさらに踏み込んだ行政区域、県、州の旗を広く紹介することを目的に編集。ほとんど知られていない旗を体系的に紹介する旗章学研究の金字塔。独立国198カ国の政治体制・地方行政単位が地図と共に幅広く理解できる稀有な書。

日本「地方旗」図鑑　ふるさとの旗の記録
苅安 望 著／B5判／上製／定価：12,000円＋税　ISBN978-4-908073-25-0 C0025

3000を超える都道府県、市町村の旗を掲載した比類なき図鑑。日本47の都道府県旗と1741の市町村旗のすべてを正確な色・デザインで地図と共に掲載、解説。「平成の大合併」に伴い廃止された1247の「廃止旗」も旧市町村名とともに掲載。

日本「地方旗」図鑑　解読編 ふるさとの旗を読む
苅安 望・西浦和孝 著／B5判／並製／定価：4,000円＋税

日本「地方旗」図鑑をより深く分析し、読み解く愉しさを伝える「解読編」。色やデザインモチーフによる分類、類似旗など様々な視点から解読。巻末には旗チャートとして使える日本の地方旗一覧を付す。ISBN978-4-908073-39-7 C0025

〈図解事典〉国旗・国章の基礎知識
苅安 望 著／B5判／並製／定価：4,500円＋税　ISBN978-4-908073-59-5 C0022

世界の政治経済、地理歴史、宗教文化が丸わかり、国際的な教養の基礎が身につく！国旗・国章から世界を理解する旗章学の醍醐味あふれる1冊。国旗・国章一覧付。国旗の形状・色数や国章の構成要素など基礎知識をわかりやすく解説。

増補・新版 戦国武将「旗指物」大鑑
加藤鐵雄 著／A5判／並製／定価：5,000円＋税　ISBN978-4-908073-27-4 C0021

旗指物の基本図書、えにし書房から増補・新版で登場！ 武将25人大幅増補とコラムも追加。戦国時代の武将237人、450を超える旗指物を一次資料（屏風絵）中心に再現・編集。各武将の略歴（系図）・家紋も掲した本格的旗指物資料の決定版！

旧制高校の校章と旗
熊谷 晃 著／A5判／並製／定価：3,500円＋税　ISBN978-4-908073-22-9 C0037

外地を含む38の旧制高校の校章（記章・帽章＝バッジ）校旗を完全網羅。各デザインに込められた意味、来歴、誇り、伝統…を各校ごとに豊富な図版で紹介。日本の高等教育の稀有な成功例である旧制高校を、独自の切り口で紹介する初の書！